レムリアの叡智

シャスタ山の地下都市テロスからのメッセージ

オレリア・ルイーズ・ジョーンズ＝著
Aurelia Louise Jones
片岡佳子＝訳

太陽出版

レムリアの叡智

TELOS Vol.2
Messages for the Enlightenment
of a Humanity in Transformation
by Aurelia Louise Jones

はじめに

私たちは光のマスターとして、いま皆さんに、もっと繁栄する楽しい運命を選ぶことをお勧めします。もっと優雅で楽な生活をつくりはじめてください。この惑星の地上では今、長い闇夜が終わりを迎えようとしています。皆さん全員が自分と地球のために、新しい夢を見はじめるときです。

制限や悲しみ、恐れについての概念を残らず手放してください。神の臨在があなたのハートを脈打つのを信じて、生活のあらゆる面で魔法をつくってください。あなたを待っている驚くべき可能性のすべてに対して、あなたが完全に心を開くように励ましします。

平和と愛、叡智、深い理解があなたを照らす灯台の光となりますように。そして、あなたが自分を故郷へ連れ戻す意識を受け入れますように。皆さんが私たちを恋しく思っているのと同じくらい、私たちも皆さんを恋しく思っています！

――アダマ、ガラティア、アーナーマー

献辞

私はこの本を、レムリアの意識がこの惑星上で見事に復活することに捧げます。レムリアの意識は、大昔に源の愛によって直接つくられたものです。レムリア人種をつくった存在たちが、この五次元の気づきを地球にもたらしてから何百万年という間、地球は純粋な祝福に満ちた楽園でした。それから次の時代へと移り、人類はまさに、自分たちの源である愛から分離した状態を経験することを選びました。

レムリアの意識と教えは、この愛に戻るために、いまハートを開こうとしている皆さん全員に、その鍵となるものを提供し、支援しています。その鍵と支援は、私たち全員が個人と惑星の進化を理解するために必要なものです。

私はこの本を大いなるレムリアの女神と、最愛のアダマとアーナーマーに、そしてもちろんテロスのレムリア高等評議会にも捧げます。レムリア高等評議会も、何年間も多くの愛を送って、私を支えてくれました。私はまた、地球の進化という長い旅を通じて、永遠の友や仲間として一緒だったすべての人にも、深い感謝を表明します。

謝辞

多くの友人からの愛情ある手助けと支援に、深い感謝を捧げたいと思います。レムリアの使命を広めるために絶え間なく働いている、モントリオールのテロス・ワールドワイド・ファンデーションのすべての人にも感謝します。また、ベス・イリスとクリスティーナの長い友情と援助に感謝の意を表します。私は皆さんにも、心から深い愛と感謝の気持ちを捧げます。私たちは一緒に、一度に一つずつ、一歩ずつ、愛ある一つの行動によって、再び経験したいと熱望している世界を再創造するために、そして私たちの中にレムリアの家族が戻るために、その基盤をつくりはじめています。

セレスティア、アダマの姉妹による序文

オレリア・ルイーズがレムリアの歴史とエネルギー、使命に関する貴重な二冊目の本を記したことを大いに称賛し、感謝するとともにお祝いいたします。オレリアは数え切れないほど多くの生涯で、このエネルギーを守護してきました。彼女はレムリアの家族のために全身全霊を捧げてきて、それは物理的次元において並ぶものがありません。現在、彼女は使者となり、レムリアの柱である愛と純粋さを、つまりレムリアのハートをこの惑星のすべての国に伝えたいと望んでいて、その強い気持ちは類ないものです。ですから、私たちは彼女のハートを通して、皆さんに援助の手を差しのべています。

愛と交感の真髄において境界はありません。ですから、きょう私は皆さんに、私たちの言葉や行間を読むときに、私たちとともに集まることをお勧めします。行間の言葉は読む人のハートに直接、個人的に語りかけます。本書の言葉を通して、これから聖なる目覚めが広く伝わります。この惑星の歴史において、これほど貴重な機会に恵まれたことはありません。皆さんとテロスと他のレムリア都市にいる全員に、驚異的な新しい機会が展開していきます。あなたであるもののすべてを思い出す時は、もう間近に迫っています。また、長く待ち望んだ「再会」がもうすぐであることを、皆で一緒に心より祝って、感謝を捧げるときです。

この目覚めの間、私たちが皆さんの教師や指導者になりましょう。私たちは皆、この本の頁から皆さんに話しかけ、夢や瞑想の中に、目覚めているときに皆さんを訪れます。私たちは心から皆さんを愛している大

家族の一員としてここにいます。皆さんの辿る旅がたとえどのようなものであっても、私たちが支えていることを知っていてください。

皆さんは進化の過程で目覚めていくたびに、このうえない喜びと理解のための機会を与えられます。その機会は、あなたをマスターの域に高める扉を開き、常に拡大するエネルギーの評議会にあなたの席を設けます。そのエネルギーは地球自身が目覚めていく間、地球を導いていくものです。

アダマとオレリア・ルイーズの愛は、両方の領域の一面を表わしています。私たちは、あなたの道に添ってあなたを育むように、アダマとオレリアがつないだ手を通して、私たちのハートを皆さん全員に送ります。私たちは、アダマやアナナマー、セレスティア、アンジェリーナ、テロスの他の年長者たちや、この惑星で私たちと親密に働いている他の王国の存在を通して、あなたに思い出と教えを送ります。子どもたちの笑い声を通して、あなたと喜びを分かち合います。地球内部での生活の経験と例を挙げて、私たちが思い描いている地上で可能な生活をあなたに話します。私たちは、まさに魂の中心から、そして最愛のレムリアのハートから、皆さんに大いなる祝福を送ります。

皆さんは転生するたびに、それがレムリアや地球内部、地上のどの転生であろうと、使命を選択してきました。万物に奉仕して、精いっぱい頑張ってきました。そして、この人生は「すべての中でも最大の旅」とも言える最大の使命を皆さんに与えています。ここに集まった皆さんの期待をはるかに超えるほど、こんなに良い状態が創造されたことは今までにはありません。複数の次元の周波数域が混ざって、現在、私たちが見ているような色をつくったことも以前にはありません。私たちの世界と皆さんの世界のベールがこれほど薄くなったこともありませんでした。そして私たちが分かち合い、神性から経験する愛がこれほど素晴らしかったことも、今までには決してなかったことです。

私たちは今、純粋な創造の遊びと新しい世界の夜明けの中で皆さんと一緒にいます。そして私たちのハートの宝庫の中で、いつも皆さんを抱きしめています！

（テロスでアダマの姉妹のセレスティアとして転生しているベス・イリスによるチャネリング）

あなたが自分の道にとって
最善のことに逆らうとき、
あなたの魂は、あなたを
好きなようにさせておくだけ、
やがて、あなたは耐えられなくなる。
私たちが勧めるのは
もっと楽しい運命の選択、
自分のためのより賢い選択。

——アダマ

アダマより歓迎のご挨拶

親愛なる兄弟姉妹よ、こんにちは！

この本を読んでいる皆さん全員に挨拶しながら、たくさんの愛と復活した友情を感じています。これは私たちの本の二巻目です。一巻目の『レムリアの真実』（TELOS Volume 1）は大きな反響を呼び、皆さんのハートも開きはじめたので、レムリアとテロスではこのうえなく喜んでいます。私は広大なレムリアの家族の家長として、愛と思いやりのハートであるレムリアの女神の抱擁へ皆さん全員を歓迎します。

フランスとスペインの国民は古代遺産のおかげで、私たちの情報を受け入れやすいだろうとは分かっていましたが、私たちの本が出版されたすべての国で、当初の期待をはるかに凌《しの》ぐ大反響がありました。皆さんの愛と受容性によって、皆で一緒にポジティブで驚異的な変容を現実化していくことができるでしょう。また今後、私たちの教えからの叡智も人類に大いに役立って、皆さんの進化を加速させるでしょう。

とても多くの人が、古代遺産の思い出へとハートを開いてきて、この惑星上での意識の加速に進んで拍車をかけるようになり、私たちが皆さんの中へ出現する道を整えています。

いまだに多くの人が私たちの出現の時機について、嘆きのような感情を、ときには苛立ちを表現するのを耳にします。私たちは、長いあいだ皆さんが再会を非常に強く切望してきたことに気がついています。皆さんが今、通り抜けているものをとてもよく理解していますし、『レムリアの真実』を読みながら、多くの人が流してきた山のような涙にも気がついています。あなたが泣いていたとき、私たちは愛であなたを支え、抱きしめていたことを確信してください。時々、私たちは皆さんと一緒に泣いていました。でも私たちの涙は、来るべき大再会を期待する喜びの涙です。ですから今日、私は皆さんに元気を出してくださいと言いましょう。私たちが出現する貴重な時期は、実際にもう始まっています。現在、大勢がテロスや他のレムリアの都市から出て、物理的に皆さんに混ざって暮していて、残りの私たちのために道を準備しています。

皆さんの世界で、いまだにひどい騒乱と暴力が存在しているために、私たちの地上班は、まだ身元を明かすことを許されていません。皆さんの中には、すでに物理的に数人に会った人もいますが、彼らはいつも身分を隠しています。私たちのうちの数人が数カ国で皆さんの中でいま暮していて、素晴らしい仕事をして、皆さんの将来を楽にする準備をしていることを打ち明けましょう。いつかは、私たちの大きな光が放たれて全体と叡智が見えるようになり、すべての人が感謝することでしょう。私たちのチャネルであるオレリアでさえも、数カ月前に「地上班」の一組の男女が自宅に身元を隠して尋ねてきたことと、また別の人たちが物理的に、そして秘密裡に公的な集会に姿を現わしたことに、いま気がついたところです。友人たちよ、実際、こうして私たちは皆さんの中に出現しはじめています。絶望しないでください、もうすぐですから！　あなたが待つ期間は終わろうとしています。いわば今、準備の最終段階が完了するところです。

ここで、私たちの出現について誤解している人がいるので、はっきりさせておきたいと思います。ある日、私たちがいっせいに出て行って、あなたの家を訪ねて一緒に時を過ごすことを多くの人が期待しています。このようなことは、それに関わる全員がよほどの注意を必要とするので、皆さんが考えるほど生産的ではありません。確かに場合によっては、その可能性もありますが、それは例外です。また私たちの出現は、三次元の波動の中では起こらないことにも気がついてください。私たちが出て行った後、私たちを見ることができる人たちもいますが、十分に波動を上げていない人たちには私たちは見えません。

地上と皆さんの環境で、波動が移行していくのに従って、私たちは段階的にとてもゆっくりと出て行きます。私たちは、この惑星と人類が波動を上げるにつれて、次から次へと小さな集団で出て行きます。最初に若手が出て、あとから私たち年長者が出て行きます。現在、どのくらい出て行ったかについては、これまでも秘密でしたし、最低でもあと数年はそのようにするべきでしょう。

私たちは何人かが身元を明かして、数人と個人的にコンタクトすることを望んでいます。小さな密かな集まりで、より高度な内容を教えるためです。最初にコンタクトする人の基準は『レムリアの真実』に書かれた通りですが、各個人が契約した神聖な計画や使命とも関わっています。そして今度は、コンタクトした人が、話してもよいと許可されるまで、私たちとの経験について沈黙を守らなければなりません。

生活を人類の奉仕に捧げてきた人たちや、私たちの出現の拡大と成功のために多くの時間と資金を捧げた人たち、その準備をしてきた人たちと初めにコンタクトするつもりです。最初は、その第一候補と考えられる人たちが日々維持しているハートの開き具合と愛／光の周波数に応じて招待に限ってコンタクトします。

その後、多くの住民が私たちと普通につき合えるようになるまで、輪は次第に大きく広がっていくでしょう。いつでもレムリアの意識と共鳴している人たちだけが、私たちを見て接触することができます。

その間にあなた自身とハートを、愛と思いやりの神聖なハートに向けて開きつづけてください。私たちが提供している教材を勉強してください。その中には霊的成長と発達を促進するための多くの叡智と黄金の鍵が含まれています。意識という庭の中で、雑草を取り除くのが必要なところと肥料を施すのが必要なところを見つけてください。

もし、あなたが情報を得るためにこの本を一回読むだけなら、それはただ知恵袋を広げるだけで、高次の意識に向かうアセンション（次元上昇）の全般的な準備にはほとんど役に立たないでしょう。開かれたマインドとハートでこの本を研究することを意識的に選ぶなら、生活に多くの個人的変容をもたらすでしょう。あなたの魂の波動を上げるために、最高の意図と決意をもって進んでください。そして、これらの珠玉の叡智を日々の生活に活用してください。あなたの努力はポジティブな変化の流れをつくり出すでしょう。この本の教材の大部分は情報というより、むしろ究極的な変容のために、その中にある隠された鍵を適用することについて書かれています。その鍵を使えば、あなたは本当のあなたであるマスターとして、私たちの中で暮らして歩けるようになるでしょう。

私はアダマ、あなたの永遠の父親です。

テロスの大神官アダマ

レムリアの叡智——目次

第Ⅰ部

アダマからのメッセージ

一人ひとりの内側に眠っている
神の火花に依頼して、
再び魂に火をつけなさい。
神の火花を勢いづけて
ハートの情熱を奮い立たせなさい、
あなたを故郷へ旅させるように。

——アダマ

第1章　この惑星のために新しい夢を見る

再び、私のハートから皆さんのハートに温かい挨拶の言葉を送ります。もう一度、皆さんとお話できることを嬉しく思います。今回、皆さんが選んだ話題は、私のハートにとっては格別に大切なことです。これを読んでいるすべての人に強調したいのですが、すべての人、とくにこの惑星にいるライトワーカーが自分の望む新しい世界像をハートと魂の中で、きちんと意識して描きはじめることが非常に重要です。皆さんは古い概念的枠組みによって、あまりにも長く束縛され、苦痛の中に閉じ込められてきました。もし、あなたのハートが地上における現代の煩わしい状況を超越して、光明と祝福に満ちた生き方に移りたいと望んでいるなら、今こそあなたは、その古い概念的枠組みを手放さなければなりません。

「夢がなければ生きられない」という古い諺《ことわざ》を誰でも聞いたことがあると思います。この古い諺は、まさに現在、人類とこの惑星が経験している岐路に、とてもふさわしい言葉です。テロスと他の地下都市では、とても長い間、皆さんのために新しい世界像を抱きつづけてきました。私たちが皆さんのために、すべてをすることは絶対にできないということを、どうか理解してください。神聖な法則によって、地上の人びとは自分たちの役割を果たさねばなりません。すでに皆さんが毎日、意識的に新しい世界像を思い描いて、抱負や思考、感情、欲求のすべてによって、それを選択しはじめるときです。

前世紀のはじめに、最愛のマスター・聖ジャーメインは固い決意をもって、神と光の銀河連盟に重大な特別許可を申請しました。もう一度、「自由の炎」が地球に放たれるように依頼したのです。神とこの太陽系の銀河連盟にあるさまざまな評議会が何度も会議を開いて論議を重ねた結果、ついに許可が下りました。自由は、変容の紫色《バイオレット》の炎の多くの属性のうちの一つです。

この炎が地上に戻っていなければ、人類が現在の状態から自由に進化を選ぶことは到底できません。

そのときまで、とても長い間、自由の炎とそれに伴う知識と叡智のすべては、地上の人びとから取り去られていました。自由がなかったことが皆さんの転生での体験を制限してきました。この炎がなかったことが、人類の被ってきた苦痛の主な一因です。人びとのカルマと過去におけるこの神聖な炎の乱用が原因で、アトランティスが最終的に沈みました。そのときに、この炎は地上から引き上げられました。

あなたのハートの中で、聖ジャーメインが人類に抱いている愛を感じて、彼のすべての人への不断の献身と奉仕に感謝してくださるようお願いします。この人類への特別許可を獲得するために、彼は人類がこの炎を再び誤用する場合に備えて、神に到達した彼のエネルギーと神に属する彼の王冠の栄光の真珠を、安全保障として降ろさなければなりませんでした。彼は皆さん全員をとても愛しているので、自らそのようなリスクを冒してきました。

新しい夢の創造は、皆さんの仕事として残されています。あなたは何を創造するつもりですか?

親愛なる皆さん、自分の役割を果たしてください。この惑星のために、積極的に新しい夢を描いてください。あなたが住みたいと思う社会を心に描いてください。自由の聖火が使えるようになったからには、望む新しい世界を創造するのは皆さんの責任であり選択です。地上の楽園を夢見て、実現するのを見たいことを描きはじめてください。具体的にして、遠慮せずに驚異的な詳細をすべて盛り込んでください。皆さんは全員、神の共同創造主です。地球は今、真新しい次元に向かって進みはじめています。もし皆さんが選ぶのなら、新しい世界は皆さんのために創造されはじめています。しかし、まだ完全に構築されていませんし、全貌も明らかにされていません。新しい世界は皆さん自身が創造して貢献することを待っています。

人によって、描く内容は少しずつ違うでしょう。皆さん全員がこのように夢を見はじめると、エネルギーが混ざり合い、この惑星上に素晴らしい新しい現実がつくられます。光の領域の存在やテロスにいる私たちだけにこの仕事を任せないことが重要です。私たちはすでに私たちの楽園の世界をつくって、そこに住んでいます。今は、皆さんの夢の世界をつくる好機です。あなたが共同創造者として参加することが最も重要です。あなたがそうしないかぎり、あなたが完全にマスターの域に達したと考えられることはあり得ませんし、あなたの人生でも制限を経験しつづけるでしょう。

毎日いくらかの時間をとって、瞑想するときや書くときに、地上の楽園を明確にするようにしてください。あなたにとっての楽園の意味を見出し、夢を見はじめてください。夜、眠りに落ちるときには新しい地球を夢見て、目覚めているときにも新しい地球を夢見てください。想像は創造的な火花で、現実化に燃料を補給します。流動的な現実である創造の領域にあなたをつなぎます。

夢に描く詳細が多ければ多いほど、あなたの夢は人生により多く現われるでしょう。あなたが望むのと同じくらいに創造的でいてください。未来像を現実的に思い描けば描くほど、つまり夢にエネルギーをより多く注ぎ込み、それらのエネルギーとハートを一つにすればするほど、地上の楽園の未来像が早く現実化しはじめます。今までのところほとんどの人が、まだあまりにも自分のことだけで満足しています。

宇宙の兄弟《スペースブラザー》や地球内部の住民が、あなたのために何でも魔法をかけてくれると期待している人がいます。

もし私たちがそうしたら、あなたは何を学ぶのでしょうか？　このようなことは起こらないと承知してください。私たちが皆さんとこの惑星を援助するために来ているのはその通りですが、あなたの役割を果たすのはあなたの責任です。あなたの意識を進化させるのも、自分で主権性をどんどん身につけて体現していくのも、あなたが選択することです。もしあなたが選ばなければ、私たちは見えない領域にとどまるより他にどうしようもありません。

地上の楽園とは、本質的に五次元の現実です。四次元においては、人生は三次元よりとても容易です。四次元は三次元よりもっと明るくて流動的ですが、まだ地上の楽園を完全に現実化していません。たとえ五次元を構成しているものについてよく分からなくても、あなたが五次元の現実だと分かることから始めるように提案します。最善を尽くしてください。そうすれば、まもなくあなたの意識は、よりいっそう五次元の現実に気づくようになるでしょう。

意識的に夢を描くことによって思考が発達します。つまり、もしあなたが許可すれば、あなたはこの新しい次元へ進化するということです。最も大切なことは、そのプロセスを始めることです。母なる地球は彼女の夢を描いてきました。いま彼女は人類に、一緒に夢見てほしいと頼んでいます。あなたが切望してきた変化のすべてを心に描くようにと頼んでいます。

自分に以下のような質問をしてください。どのような人生を望んでいるのか？　どのような政府が必要なのか？　どのような体型で、どういう外見になりたいのか？　貨幣経済が進化して、どのような種類の交換の仕組みになるのを見たいのか？　交換の手段としてまだお金を使いたいのか、それとも、より進化した物々交換の体系の方が良いと思うのか？　新しい種類の交換で、以前には誰も考えなかったような素晴らしい何かを夢見ることができるだろうか？　将来の自分の人間関係をどう眺めているのか？　地球はどのように見えるだろうか？　理想の天候があるとしたらどんなものだろうか？　動物はどのように見えるだろうか、そして人間といるときには、新たにどのように振舞うだろうか？　展開していくこの未来像にはキリがありません。頭の中で映画を作って大いに楽しめます！

あなたの想像は、思い出の広大な貯蔵庫です。悠久の時の始めから終わりまで、数多くの世界から、かつていたことのある、あらゆる場所からの思い出が蓄えられています。

あなたが想像できることは何ひとつとして幻想ではありません。想像する内容は、ほとんどの人にとっては過去の経験の記憶であり、整然と、ときにはあまり整然としないで蓄えられています。心に浮かんでくるものを分類して、新しい現実の未来像をつくるために、その全部または一部を使ってください。自分の最も深いところにある情熱と、久しく失われていた時と場所の埋もれた記憶につながってください。最も深いところの自分に触れてください、そうすれば次々に、いろいろな風景や考えが心に浮かんでくるでしょう。

世界は自らをあなたに差し出し、
あなたは世界が与えているものを
神聖な愛とともに受け取る。
あなたの想像力は導管となって
あなたを魂へとつなぎ、
魂はこの神聖な愛を認識し、
あなたという存在に浸透させる。

——セレスティア

第2章 この惑星上の最後の戦い——希望の灯

親愛なる皆さん、こんばんは、私はアダマです。

再び皆さんとご一緒できて、とても嬉しく思います。今夜は、皆さんのハートに「希望の灯《ともしび》」を贈りたいと思います。この惑星上で起こりやすい、あるいはいま起こっている紛争について、より大きな観点からお話しするつもりです。私が話すとき、テロスから大勢が私に加わります。愛と平和と保護という素晴らしい布で皆さんを包むためです。

これらの事件が人類に対する不正や暴力を生み出す可能性を持っているために、地上では多くの人がこれらの事件の間、怯《おび》え、苦しみながら暮らしています。何百万人という人びとがこの惑星上で愛を奉げ、祈り、瞑想し、平和の行進をしてきたのに、なぜこれらの戦いが止められないのだろうか、とあなたは思案しているところです。数多くの勇敢な魂が地球とその大切な子どもたちのために平和を築こうと、あらゆる手を尽くしてきたのに、彼らの努力が足りなかったのだろうか、とあなたは不思議に思っています。

集団としての、皆さんの努力が十分ではなかったということではありません。本当です！

皆さんはできることをすべて行い、そして創造主は皆さんの祈りを聞いてきました。創造主は皆さんの助けを求める声を聞いてきたので、皆さんが平和な惑星に住もうと考えたことを知っています。地球の歴史において、地球の平和を要求するために、人類がこれほど団結したことは今までにはありませんでした。天界のすべてが皆さんの努力に畏敬の念を抱き、賞賛しながら見守ってきて、その努力にエネルギーを加えてきました。皆さんが愛と団結を示してきたので、何億もの宇宙の兄弟たちが注目してきました。彼らは皆さんを見守るために、多くの宇宙や銀河からここへやって来ました。そして今、彼らは巨大な集団として、皆さんの平和への取り組みにエネルギーで参加しています。

テロスでは、皆さんとともに四六時中、寝ないで祈りつづけてきました。私たちは、皆さんが進化の次の段階へ安全に進めるように準備してきたので、皆さんの苦痛や困難、心配の多くは和らぐでしょう。

この惑星には、自分たちが「この惑星を所有している」と考えている小さなグループがあることを理解してください。彼らはまた傲慢にも、費用がいくらかかろうとも、あるいはどんなに多くの痛みと苦しみを人類と地球に与えても、自分たちのしたいことは何でもできると信じています。支配と操作の現状を維持するために、たとえどんな方法で皆さんを彼らに従わせようとしても、それがどんなに度を超すとしても、彼らは皆さん全員を隷属させつづける必要があります。そのうえ、彼らはこの惑星の富の九〇パーセントを享受しつづけたいと思っています。一方、残りの人類は一〇パーセント足らずを分け合って、満足しなければなりません。

親愛なる皆さん、支配している人たちは個人的な予定表を持っています。彼らは何よりも闘争を望んでいます。

力《パワー》への道は、奇妙な道です。他人を支配することや、階級における自分の地位の美化、資源に対する強欲と誤用を目的地と考えている人たちには、より大きな善に奉仕するように、と自分を導く神聖な声が聞こえません。彼らの行いは一体感のハートからではなく、恐れと分離から出ています。

一方、力の目的地を知覚力が増大することと考える人たちは、神の流れに加わります。存在するすべてのものについての理解と知覚を広げれば広げるほど、ますます創造主の生命の流れに自分が含まれていくことを理解しています。意識を進化させればさせるほど、真の神聖な自己をもっと体現できることを知っています。ですから、真のマスターとしての視点から見ると、戦争はもはや学びのための必要な道具でも、成長のための望ましい機会でもありません。

やがて私たちはもっと目に見えるようなかたちで皆さんに加わります。そうすると、長らく私たちを隔ててきた闇夜が終わるでしょう。私たちは皆さんと一緒になって、愛と恩寵だけが統治する驚異的な世界の新しい夢をつくります。もうすぐ、この惑星上で権力を握っている人たちは完全に取り除かれます。その時は間近に迫っています。彼らが支配する時代は終わりかけていますが、彼らもそのことに気がついていることを理解してください。

創造主はすでにこの大切な惑星を彼の腕の中に取り戻したので、皆さんはいまグレート・セントラル・サン（訳注1）の管轄にあります。グレート・セントラル・サンから、彼らの支配を終わらせる命令が出ています。支配者たちは、そのことをよく分かっています。彼らが完全な絶望から全世界を支配し、優位に立つ最後の僅《わず》かな機会があるかもしれないという望みを抱いていることを理解してください。

彼らは責任をとる日をほんの少しでも遅らせようと、すべてを賭ける準備ができていることを分かってください。

彼らには犯罪の証拠が何もないので、自分たちの行為を有効にするために、いまだに他人を責めつづけています。人びとからの支持が得られないまま、彼らは計画を先へ進めようと企てています。大切な友人たちよ、ハートの中で知っていてください。冷酷な父権支配の時代は終わりに近づいています。すぐにすべての人が、人類に不利となるような自分の行為に対して責任をとることになります。彼らは皆さんよりはるかに恐れていることにも気づいてください。彼らが「最後の切り札」を出すことを決めたのは、そのような理由からです。それから、いま私が言ったのは彼らの「最後の切り札」です。このあと彼らには、もう何も残っていません。

今という時代は、政治上の多くの指導者が権力と圧政を本格的に減らしはじめているときです。神聖な法

（訳注1）　グレート・セントラル・サン＝宇宙の中心で原初の創造を生み出したところ。

則は「自由意志」を邪魔するのを許しません。神聖な介入が必要になるときまで、霊的な管理階層はさまざまな出来事を現在の成り行きに任せます。神聖な介入がされるのは、その他の人たちが常にどの瞬間も、自分が古い概念的枠組みを支える選択をしていると理解したときか、または新しい概念的枠組みの可能性を受け入れるときです。その他の人たちが最終的に移行するとき、あらゆる場所で「奇跡」が起きるでしょう。皆さんのエネルギーを驚くべき方法で援助するために、すべてが光の領域で用意されています。そうなるには、皆さんが心を決めて許可を与えるだけです。

最終的に軍の指導者たちがたとえ何をするとしても、もはや彼らの努力を支えるほどのエネルギーはありません。彼らの戦いの計画は世界大戦の規模まで拡大しないので、落ち着いていてください。この時点で皆さんは、私たちの願う人数より多くの人の意識を移行させるために、すでに基礎を築いてきました。日々、多くのライトワーカーが皆さんの仲間に加わっています。毎日、より多くの人が自分の真の性質に目覚めて、ついに自分の世界の真実を直視しています。世界の出来事はこのことを映し出しているようには見えませんけれども、皆さんの時が来ています。すべては皆さんと、そして調和という皆さんの目標と同盟を結んでいますので、絶望しないでください。

レムリアの時代に、アトランティスとレムリアの長期にわたる戦いで、私たちは似たような状況に直面しました。

この両方の大陸が崩壊するという潜在的な脅威に直面したときでさえ、軍の指導者たちは戦いをやめようとはしませんでした。それから先は歴史が語っているので、皆さん全員が起こったことを知っています。勝者がいなかったことも知っています。それらの戦いは両大陸をかなり弱めて、一万五千年後に両大陸は滅びました。アトランティスとレムリア間の戦いを引き起こし、最終的な崩壊にも責任がある魂の多くは、今また同じことを企てています。

しかし今回は、状況が違います。今は母なる地球がアセンションへ向かう時代になったので、彼女の望みは尊重されるでしょう。今後、彼女は自分自身を浄化します。彼女はもはや自分のからだと大切な子どもたちへの虐待を我慢しないでしょう。地球の変化を通して、彼女自身を浄化させてあげてください。三次元はやがてそのエネルギーを四次元へと転がします。現在、皆さんが知っているような三次元は、もう存在しなくなるでしょう。皆さんの体はまず四次元の体へ、そのあとで五次元の体へと突然変異します。その体は今よりも軽くなりますが、まだ物理的だと感じるでしょう。皆さんは愛と真の兄弟愛の黄金時代にますます近づき、今その夜明けに立っているところです。

光の領域にいる私たちがいま言えるのは、これらの切迫した闘争は、この惑星上で遂行される最後の闘争だということです。闇の勢力は、彼らが今まさに最後の時に到達したことを知っています。責任というベルがかなり長い間、彼らの耳に鳴りつづけてきました。彼らは愛の意識に向かうか、そうでなければ出て行くしか選択肢がないことを知っています。「追い詰められた獣は大声で吼《ほ》える」という表現を聞いたことがあると思います。合衆国や他の多くの国々のライトワーカーは、インターネットやその他の手段を通じて団結して、愛と光と統合を張りめぐらせています。闇に隠れて行いを隠している人たちは、この惑星に縦横無尽に張りめぐらされている愛と光に気づいています。

皆さんの光が彼らの最大の恐怖となっています。

彼らはこの惑星の石油を支配するだけでなく、皆さんが一緒に張りめぐらせた愛と光を破壊することも望んでいます。彼らの主な予定表は、この惑星上で人類を恐怖の檻に閉じ込めて、完全に奴隷化するという変化を生み出すことです。彼らは、霊的な貧困と感情的な生存競争の場所に、皆さんをとどめておきたいと願っています。これまでは極めて順調でした。皆さんの地上での生活はかなりきついものです。ですから、彼らは皆さんに完全な恐怖を植え付け、「あなた自身に良くて安全なこと」であなたを支配するためには、あと少しテロ行為を起こせばよいと推測しています。

落ち着いて、この朗報を聞いてください。あなたはまさにこの人生で、あなたの神の臨在やあなたのキリスト意識をすべて体現することができる、と転生する前に創造主から約束してもらいました。あなたは現在の転生で、長い間、あなたから隠されてきた神性と霊的な才能のすべてを地上で体現することになるでしょう。

この惑星を支配している存在たちが万難を排して、このような光明を得ることを阻止しようと企てていることを理解してください。なぜなら皆さんが悟ると、彼らの支配に終止符を打つことになるからです。闇の勢力が分離と恐怖への隷属と忠誠へ、皆さん全員と惑星を駆り立てると同時に、その対極にある神の光が目覚めと光明をつくるでしょう。天の惑星でさえも、意識のこの大きなうねりを促進するように整列しはじめています。

まもなく新しい共同体となる、新しい政府を樹立する運命にある人たちが目立ってくるでしょう。彼らはその日のために準備をしてきて、すでに皆さんの中で暮らしています。彼らをあまり厳しく判断しないでください。また、その人たちに期待を持たないでください。なぜなら、前へ進み出る人たちの多くは、あなたを驚かせるかもしれないからです。多くの人が交替しようと努めるグループの中にいて、その正体を隠してきています。新しい指導者になるかもしれない人たちをハートで認識し、手を差しのべてください。新しい構造のすべては共同体の利益のためにつくられます。これが最終的に人類を支える用意ができている人たちを見分ける重要な鍵です。国々の境界線でさえも、真の変化を支える人たちが集まることを止められないでしょう。

これらの闘争は惑星全体に加速を促します。何百万人もの人びとが目覚めはじめています。彼らは自分の神性について新たに気づき、人生の新しい価値について再考するようになるでしょう。大衆は、もっと自分の神性に合う新しい目標と目的を発見するでしょう。これらの闘争の結果、何百万人という人びとがライトワーカーに加わります。神聖な真実に基づいた、永続的な平和と新しい現実をつくるために団結していきます。

また、これらの闘争は、もはや役に立たない時代遅れの父権制度の構造を衰退させることも助長します。

悲痛で悲しい瞬間を経験する準備をしてください。苦痛を経験することになったら、目をそむけずに見てください。それはあなたのハートを大きく開き、高次元へ向かわせるでしょう。あなたはまた、蓄積された多くのカルマを解消します。そして新しい秩序のために、本当の神聖な自己を最大限に認めるためのスペースをつくるでしょう。

私のハートの子どもたちよ、神の手に魔法を使わせてください。創造主はとても注意深く見守っていて、新しい栄光の運命を受け入れるためにとどまる選択をした、地球と人びとを保護しています。恐怖や絶望、希望のない状態に陥る代わりに、ハートの中で希望の灯をつけてください。戦いの向こう側に、まったく新しい世界が待っているのを知ってください。奇跡は、あなたにつかまるのを待っているところです。創造主と銀河の家族から愛と恩寵の贈り物が、かつて皆さんが経験したことのないやり方で注がれはじめるでしょう。

あなたのハートの中で、神の意志が優勢になることを知っている感覚を灯《とも》しなさい、そうすれば勝利は確実です。

この惑星上で何百万人という人びとが共に立ち上がり、平和への意図を宣言してきました。ですから、そうなります。皆さんは惑星中で平和を要求して行進しています。ですから、そうなります。皆さんは「ここまで、そしてこれが限界。あなたたちの日は終わり」と言いながら愛と意図と勇敢さをもって、世界政府の横暴に立ち上がってきました。私たちが皆さんを見守っているように、宇宙全体も皆さんに注目するようになりました。そのうえ、創造主と共同創造主である皆さん全員は、「やっと彼らは目覚めはじめている。地上に平和あれ、そうなるであろう」と言いながら、微笑みはじめています。

惑星上で波動が高まりつづけるのと同じように、皆さんの責任も重くなります。それから、皆さんのレムリアの兄弟姉妹である私たちも、壮大な計画を補佐するために、地上のここにチームを集めはじめています。この惑星のすべての地方と国に、さらに多くのチームがあります。私たちは、より大きな善に役立ちたいと望むすべての人と友好的に働くことができるでしょう。でも、私たちが皆さんに押し付けることは何もありません。私たちとともに働きたいという気持ちは、あなたのハートの強い衝動によって点火されなければなりません。

もし皆さんが役に立ちたいと願えば、たくさんの人が私たちの使命に関わることになるでしょう。多くの驚異的な機会が、私たちと並んで働きたいと願っている人たちに与えられるでしょう。皆さんは道を示す人であり、シャスタ山のここで養い、受け入れ、大切にしている多くの小さなグループの核の部分です。皆さんが待ちつづけてきた喜びの時は、雲のちょうど向こう側に、でっち上げられた戦いの嵐の向こう側にあります。もし雲や嵐を、この最後のゲームという幻想で疲れ果てさせることができれば、皆さんが後悔するようなことはありません。

雲の向こう側に、喜びとやすらぎと恩寵があるのですから、ハートの中の希望の灯を絶やさないでください。

新しい世界の夜明けは、暴力がどこにも存在しない合一と愛の中に、いま地平線のすぐ向こう側にあります。必要な時間をかけて、お互いを大切にしてください。あなたがすでに知っていることを学ぶ機会がなかった人たちに、あなたの愛と慰めを広げてください。

恐怖の中にいるすべての人のために、平和の柱となってください。そうすれば彼らはあなたに寄りかかることができて、慰められます。そして他の人があなたに寄りかかるとき、あなたが彼らをしっかりと支えられるように、どうぞ私たちに寄りかかってください。これから先、私たちは愛と援助を大きく広げながら、皆さんのすぐそばにいます。

第3章　フランス、ケベック州、ブラジルの関係

アダマとセレスティアとテロス高等評議会

――フランスとケベック州（カナダ）とブラジルは、どのような関係があるのですか？

地下都市テロスが存在するずっと以前に、母なるエネルギーの三角形が存在していました。今、その三角形は、地上でフランス・ケベック州・ブラジルを結ぶ三角形として認識されています。この惑星のほとんどの地域は、この惑星の他の二つの場所と三角形（三位一体）を形成しています。これらのグリッドは聖なる計画の一部分です。地球の内部では地上の波動のバランスをとり、調和させるのを手伝うために、これらのグリッドが使われています。

これらの国の地球内部における厳密な意味には触れませんが、それぞれの国は特有の波動、色、音の調和波動、惑星コードを保持しています。三つの国が一緒になって、新しい波動と色をつくり、それは地球内部や地上、惑星を取り囲むエーテル界で、そのグリッドの固有サインを表わします。この固有サインが特定のグリッドのエネルギーをつなぐ働きをしているので、その固有サインが認識されるのは重要なことです。また固有サインは、このグリッドを惑星上の他のグリッドのエネルギーと調和させることも助けています。グ

リッドのこのネットワークは、惑星そのものの構造上の経線に接続しています。

惑星内部からグリッドのネットワークを横切ると、いま地上で保たれている波動という点から、地球の脈を診ることができます。これらのグリッドは、地球内部中のさまざまな場所で地上の波動からの影響を監視する重要な仕事にも役立っています。そのおかげで、私たちは潜在的な多くの大災害を未然に防ぐことができます。もし地球内部でエネルギーの適切なバランスをとらなければ、人工的あるいは自然発生的な多くの大災害が地上で発生するでしょう。

これらの三つの「国」の個々のエネルギーについて、地上では以下のように波動を認識できるでしょう。

フランス

フランスの波動の色は、端がやや白味を帯びた輝くピンクで、フランスのハートに該当するパリ地区はとても温かいピンクです。惑星が変容するこの時期に、フランスに転生しているライトワーカーは、レムリアのハートの純粋な波動を保持しています。これと同じ波動を持っている人びとが、この惑星のあらゆる地域にも存在しているのですが、この時期、驚くほど大勢の人がフランスを選んで転生してきています。また、前述の二つの国にも多数の人が転生していて、レムリアの女神の子どもたちとして、レムリアのハートと愛の意識を表わしています。

このような選択がなされた理由の一つに、この三世紀にわたってフランスを呑み込んできたトラウマが挙げられます。そのトラウマは、幾多の大きな戦争とフランス革命という形で起こり、永久にフランスの政治構造を変えました。とくに、いわゆる第二次世界大戦によって、ユダヤ人種のエネルギーとこの地域がエネルギー的なバランスをとる必要を永続的につくり出しました。現代の文明社会の大部分がユダヤ人種に関して間違った理解を持っています。

ユダヤ人種は、人類が初めてこの惑星に現われたときから、地上のユダヤ人の意識の中で、神聖な男性エネルギーを保ってきました。他の人種がこの惑星にキリスト・エネルギーをもたらしていない、と言っているのではありません。しかし、ユダヤ人種は真の起源の種として維持され、大昔に神聖な女性エネルギーを最初に吹き込んだ、神聖な男性エネルギーの純粋な火花を保つために存在しました。この点において、ユダヤ人種はレムリアのアイデンティティーに必要不可欠な部分です。この惑星内部の神聖な源の始まりより、ユダヤ文化はレムリアとの関係を維持してきました。ユダヤ人種によって伝えられている波動は、何千年もの間、歪めようと企てられてきましたが、その完全性を保ってきたことを私たちは認識しています。ユダヤ人種のDNAの中でその構造と完全性を保つためには、母親を通して脈々と受け継がれることが必要でした。ユダヤ波動の完全性はこうして保たれました。

地上の多くの宗教が皆そうであるように、ユダヤ人の宗教の周辺で発達した現在の教義には、もはや大昔の神聖さから伝わった原初の波動はありません。元の波動そのものは、母なる地球という存在の意識の中に保たれてきたので、同一の波動を継続して地球に与えています。また、この源の波動はレムリアとアトランティスの時代を含めて、「ユダヤ」人種として転生したことのあるすべての人のDNAの内部にも含まれています。さらに、ある程度は、この惑星上にいま転生している大多数の人の内部にもあります。ヘブライ語もこの源のエネルギーの波動の大部分を持っています。近年、多くの教えやメッセージが再発見されてきましたが、ヘブライ語も同様です。これらの古代の教えは、今では十分に研究されて世界に広がっています。

ケベック州

ケベック州もまたこの波動と深いつながりがあります。ケベック州から発している色は、中心部がエメラルドグリーンで、黄色がかったピンクと組み合わさっています。ケベック州のハートはモントリオールのあたりに位置しています。現在、レムリアの教えや癒しのワークを広めるためのセンターをつくるために、多くのことがモントリオールで準備されています。ケベック州の住民がフランス語を維持してきたのは、フランスのハートの波動とハートでつながるためです。ケベック州はもともと、北極へ直接エネルギーを伝える波動の前哨地点として、そして三角形の頂点の一つとして形成されました。北極へのつながりも、このグリッドの特色の一部です。そのつながりによって地球内部からこの三角形へ、そしてそこからグリッド全般の他の部分へとエネルギーを伝達できます。

ケベック州では、宗教はフランスと同じようにカトリックが優勢になりましたが、とくにモントリオールはユダヤ人種と重要な関係を持っています。前世紀にドイツで、大勢の人がユダヤ人であるがゆえに迫害を受けました。彼らは再び転生する地域にモントリオールを選びました。そこでは、レムリアのハートの波動とのつながりが維持できて、前のドイツでの転生のトラウマから逃れられるからです。ケベック州の癒しのエネルギーは途方もなく大きいもので、さらに大昔からヒーラーや教師として技術を役立ててきた大勢の人たちが、この知識を世界に伝えはじめるために、いま集まっています。

またケベック州の中で、合衆国に隣接した地域もとても重要です。その三角形の頂点に当たる国と地域は、それぞれが直接、別の国とつながっています。その国々は以前から、政府や行政レベルで、破壊や暴力や神聖な源からの分離の途方もないエネルギーを持っています。フランスはドイツに、ブラジルはアルゼンチンにつながっています。合衆国、ドイツ、アルゼンチンの政府は歪んだ家長制度的政府で、女性性に対して圧倒的な不信を持っています。そのため、どの国もフランス・ケベック州（カナダの他の地域も同様）・ブラジルの女性的なハートのエネルギーによってバランスをとっています。

第二次世界大戦中に、ドイツでひどい暴力を行使した加害者の多くは、合衆国やアルゼンチンへ渡ることによって母国での処罰から逃れました。彼らは不信と暴力と混沌という波動をつくり出し、その不信感がそれらの国々で反ユダヤ主義といわれる波動の重要な部分をつくり出してきました。反ユダヤ主義のエネルギーと、その名目で行われてきた数々の行為は、すべて神聖な女性エネルギーを恐れる人たちによる神聖な男性エネルギーへの攻撃です。

実際、ドイツ・アルゼンチン・合衆国の三カ国は、独自のエネルギーの三角形をつくることによって、それぞれの国内でバランスと調和が大きく乱れた状態を拡大してきました。この三カ国は、フランス・ケベック州・ブラジルのグリッドのおかげで、レムリアのハートのエネルギーと再びつながることができます。ですから、このグリッドはこれらの地域で、より大きな調和を再び確立するための最も重要な手段として存在してきました。

ユダヤ人種を排斥することは、合衆国とドイツとアルゼンチンで広く行われてきましたが、それはこの時期に、惑星上でバランスをとっているレベルが高い証拠です。強い不信感を持つ人たちは、神聖な光が日増しに輝くにつれて、恐怖をさらに深めています。この時期にユダヤ人でないとしても、他の人生でユダヤ人として転生したことのある人たちが大勢います。実際には、その多くの人たちがその波動を保つ仕事に呼ばれるでしょう。地球創造以来、前例のないやり方で地球のそれらのエネルギーを再び結合することは、真の神の閃光、すなわち、この惑星の女神のエネルギーと溶け合うための神の吸い込みです。

ブラジル

ブラジルは南極へのつながりをつくっています。ブラジルが発している色は、目を楽しませます。その色には、赤、青、黄色、それに三原色からつくられて、地上で見ることのできる全色を含んでいます。これはブラジルの自然がクリスタルに恵まれているからです。それどころかブラジルは、とても大きな高度なプリズムを生成している一つのクリスタルと言えます。ブラジルは、フランスとケベック州とこの惑星の北半球から南半球へと発生している、ハートと癒しのエネルギーの伝達エンジンです。

高度に進化した大勢の魂がレムリアのハートのエネルギーを保つために、現在、その地域に転生しています。現在、この三カ国でワークが行われはじめていますが、その大勢の魂を反映してこのグリッドのとても重要な目的に役立っています。レムリアのハートのエネルギーは、このグリッドを通して最も必要とされる地上の地域へ現われます。これらの地域で地球内部の人たちや宇宙の兄弟《スペースブラザー》と、最初に直接コンタクトが行われるだろうという感覚は実際のところ本当です。それどころか、出現の最初の段階はこれらの国々に転生している多くの存在、または「ウォーク・イン」(訳注2)した人たちによってすでに起こっています。もうこれらのことは、もっと明るみに出るだけの事柄にすぎません。

とても熱心にあなたにコンタクトしたがっている存在は、実際のところは他の時間や空間、次元における「あなた」の別の面です。あなたの魂は地球内部や他の銀河・宇宙に存在していて、あなたは魂の物理的な拡張部分です。あなたが他次元にいる自分の別の面とやりとりや統合が多くできればできるほど、地上の次元はますます早くこのことを認識し反映するでしょう。

私たちが述べてきたこのグリッドの波動の中で、そしてこの惑星内外でハートの波動を認識するグリッドのネットワークの中で、私たちはすでに一緒にいます。実は、このグリッドのエネルギーを旅するときには、次元間の区別はありません。皆さんの本来の性質の一部となるまで、できるだけ頻繁に進んでこのネットワークとつながることを皆さん全員にお勧めします。今日転生している子どもたちは、彼らのDNAの中にこのグリッドへの鍵を持っていて、地上に住むすべての人にその鍵を伝えるよう働きかけています。あなたのハートを彼らに開いて聞いてください。彼らはこの惑星のために、皆さんの想像をはるかに超えて高度に進

(訳注2) ウォーク・イン＝事前の契約により、地上での役割を終えた魂が肉体より出て行ったあとで(ウォーク・アウト)、新しい魂が肉体の中へ入ること。前の魂の記憶はすべて引き継がれるが、個性は変わる。

化する可能性のある未来を構築しはじめています。皆さんが誰も今までに描いたことのない、もっと多くの魔法を持つ神聖な計画に貢献するために、私たちは皆ここにいます。私たちの皆さんへの愛は、常にその神聖な計画へ向かっています。

皆さん全員に多くの祝福を。そして皆さんが愛と自由へ向かう次の段階で、大いに楽しむことを願っています。

もし道のあらゆるところが
お互いの愛の光と神性で
あふれていなければ、
世界は、かなり
暗く見えるだろう。

——アーナーマー

第４章　マグネティック・グリッドの働き

――アダマはグリッドに関わっているとのことですが、それはどのグリッドですか。また、そのグリッドの仕事で、アダマはどんな役割を持っていますか？

マスターである教師たちを祝福します。というのは、皆さん全員は本当に、この壮大な実験に共に参加してきたマスターだからです。このように肉体・感情体・精神体・霊体を統合していっせいに意識を上げてきたのは、この惑星上で実際に初めてのことです。

私は惑星内部におけるエネルギーのグリッドに関わっています。このグリッドは地上の物理的なクリスタル構造と一緒に作用し、惑星そのものと関係があります。惑星内部のグリッドからエネルギーが出て行って、惑星のまわりにエーテル状のグリッドを形成しています。エーテル状のグリッドはエネルギーの波動を上げて、惑星の移行に働きかけます。この働きはまた、占星術でいう星の配置によるさまざまな活性化によっても促進されています。

この惑星内部のグリッドは魚座のエネルギーとも関連していて、キリスト・エネルギーを保つために使われてきました。過去においては、惑星グリッドのエネルギーを保つために使われましたが、今は水瓶座のエネルギーに移行しはじめるために、最新の状態に改良されてきています。私たちが意識の上昇によって、グレート・セントラル・サン(訳注1)へと戻りはじめると、もはやここにエネルギーが保たれている必要はなくなります。今、これらのエネルギーは水瓶座の女性的な波動へと移りはじめています。これは男性的な波動が失われていくという意味ではありません。ただ単に、両方の極性が統合されて、バランスを回復するということです。

レムリア、とくにテロスから出て来る波動は、本質的に巨大なエネルギーを発生させています。それはテロスがこの惑星でグレート・セントラル・サンを現わしているシャスタ山の内部に位置しているからです。この銀河の中心や天の川銀河系から、この惑星にエネルギーが降り注いでいます。そのエネルギーのすべてがこの惑星のグリッド、つまり最初の主要な入り口に到着するのがこの山の内部です。ここからほんの数秒で、エネルギーは山頂に位置する惑星グリッドの主な地点すべてに届き、さらにグリッドの残りの部分に散らばります。各グリッドには入り口と出口の地点が別々にあります。出口地点は、そのエネルギーが他のグリッドや惑星のエネルギーのその他の通路に広がっていく地域に対応しています。

レムリアの意識によってつくられたグリッドは、皆さん一人ひとりの中にも反映されています。あなたが神聖な目的という高次の意図を設定すると、それはあなたのさまざまな体の神聖幾何学の中に統合されていきます。今、この惑星上では個人の意識と世界の意識の間でエネルギーが分裂しています。両方の意識レベルは、実際には一つであり同じものですが、その二つの間で、時間が個別化して存在しているからです。このことが各個人に自由な選択による波動の移行を可能にしています。レムリア高等評議会がこのような理解に達したのは、細胞レベルでこの移行する次元を正確に強化して、人類の集合意識にその次元を融合させるためです。

この結論が出る前は、この惑星そのものにエネルギーを連続して注ぎ込むことによって地球が移行できて、そのあとで惑星から皆さん個人へ移行が起こるだろうと考えられていました。

しかし皆さんは、人間の意識の前例のない総入れ替えに、個人的に完全に責任をとるために、この惑星のからだの細胞として、注入されるエネルギーの波動をとどめて統合しなければなりません。ＤＮＡの基盤（つまりクリスタル・グリッド）の移行は、人によって少しずつ違うでしょう。その違いによって、地球の移行に本当に必要とされる波動の周波数全域が保てます。個人的な移行を遂げた人が増えてエネルギーが調和すると、押し寄せるうねりの中で地球の移行が起きるでしょう。

この移行に伴う音があります。この音はエーテル界から発生しますが、私たちの領域で聞くことができます。私たちはこの音を「魂の歌」と呼んでいます。ハープもリュートも、魂から出てハートと鼓膜を同時にくすぐる、この愛の波動ほど美しい音は出せません。テロスには三弦の楽器があり、弦をかき鳴らすのではなく、親指と中指で弦を撫でて演奏します。この楽器の鼓舞する美しい波動は、魂の歌と同じ周波数域で共鳴します。

このグリッドが皆さんの一人ひとりに起こっているＤＮＡの基盤の変化を加速するとき、あなた自身の歌が聞こえるでしょう。私たちはあなた特有の歌をあなたに挨拶としてよく歌っていますが、皆さん全員がその自分の歌を奏でるでしょう。魂の歌は、あなたの肩書や名前のように、波動によって本当のあなたを表わしています。皆さんが自分の歌を再び見つけるとき、私たちは本当に皆さんを祝福します。道の途上にいる皆さんを手助けするために、歌で思い出させて、皆さんの夢を美しく飾ります。さらに私たちの愛を、すべての恩寵のために皆さんの愛に加えます。

――アダマはグリッドの仕事では、どんな役割を持っていますか？

私の仕事は、このグリッドに高次の四次元と五次元のエネルギーの波動を保って送り込むことに関係しています。その波動は地球内部から地上へ次第にもたらされていくものです。私たちはこの惑星内部で、惑星そのものを通してエネルギーを上げるために働いています。あなたが物理的に、あるいは精妙に地球とつながるとき、そのようなエネルギーを感じることができます。また私たちは、高められたエネルギーを北極や南極、その他の重要地点を通して放っています。

私の役割はこのグリッドを管理し構築することで、さらにエネルギーの出入りも調整しています。このグリッド自体の構造はいま適切なので、私の仕事はエネルギーの流れが高まるようにグリッドをさらに修正することです。このグリッドは絶えず進化しつづけ、その仕事は途切れることがありません！

非常に多くの存在がこれらのグリッドと働いています。今までグリッドの種類がいくつか出てきましたが、実は、異なるグリッドは広範囲にわたる巨大な一つのグリッドの他次元の各層で、いま統合されはじめています。

――クライオン（訳注3）のグリッドとアダマのグリッドはどう違うのですか？

異なるエネルギーは、グリッドを組み立てている異なる構成要素と働きます。クライオンは主としてグリッドの磁気エネルギーと働き、私たちはクリスタル・グリッドと働きます。しかし私たちの仕事もまた異なるグループとの連携です。各グループは長期間にわたって、グリッドに異なる構成要素を与えて、エネルギーとともに働いてきています。エロヒムやアルクトゥルス人、プレアデス人、アンドロメダ星人、金星人、それにあなたの枠組みの中では簡単に識別できない星のエネルギーや種族でさえ加わっています。そのような数多くの違うエネルギーが参加した結果として、この新しいグリッドがつくられてきました。私たちが皆、全体の一部であるように、このグリッドは今、この惑星と人類に役立つために統一体として形成されはじめています。

この時期に統合されはじめているグリッドの内部には、多くの異なる出入り口の地点があります。皆さんの各自特有のエネルギーを、それぞれが従事しているエネルギーに集めるだけで、空前の新しい効果が生まれます。その結果、このグリッドは最終的に、新しいエネルギーの土台をこの惑星のまわりにつくります。

（訳注3） クライオン＝地球のマグネティック・グリッドを担当してきた光の存在。

そうすると、素晴らしいエネルギーが地球に向かって、また地球を通して生成されはじめるので、惑星地球はそのエネルギーを保って取り入れるでしょう。これらのエネルギーはかつてのように伝達するだけではありません。プロセスが進行している間中、この惑星のまわりに形成され、保たれます。

――この惑星を原初の完全性に回復する計画があるのですか、それともそれ以上になる予定ですか？

確かに、誰も想像できないほどの魔法がこの惑星でつくられる、という計画や希望があります。この惑星が実際にどのように進化していくかについては、まだ疑問の余地があります。すべては、個人的にも集合的にも、人間の意識がどの程度、移行できるかによります。あなたはこの素晴らしい計画をどのくらい展開させるのでしょうか？　どの程度、私たちとの共同創造を選ぶのでしょうか？　この惑星上の女性エネルギーがより大きく移行すると、どのくらい抵抗が出て来るでしょうか？　私たちが実際に再建しようとしていることを、皆さんは破壊しつづけるのでしょうか？　このような点で、まだ深刻な問題がたくさんあります。

それはまた、このプロセスを手伝うためにあなたが何を選択するか、そしてこの惑星の市民としてどのように生きることを選択するかという問題でもあります。マグネティック・グリッドは移行し、クリスタル・グリッドも再生してきました。いま私たち全員は人類の意識という、次に大きなグリッドが活気づくことを待っているところです。私たちが何らかの仕事を先へ進める前に、人類からそのことが見えるのを待っています。エネルギーと意識の上昇という点で、この先十年で起こることはたくさんあります。共同体が一緒になって、地球を完全に支える運動を起こすのは大切なことです。

——地上に出現するために、人類の意識がかなり大きく移行するまで待つつもりですか、それともすぐに出てくるのでしょうか？

出現計画はありますが、現時点では公表できません。私たちの計画はさまざまな可能性に柔軟に対応します。人類の移行の仕方に応じて、実際に展開していくでしょう。私たちは、人類が待って観察するのではなく、常にハートから生きるようになるのを見たいと強く願っています。

私たちのことを聞く人の中には、ハートの奥深くで真実を見出すのではなく、マインドで合理的に考えて、私たちを自分の目で見たら信じようと考えている人たちもいます。私たちの来るべき出現は、すべての人が愛と光の波動のレベルを上げてハートから生きることが条件です。

私たちと人びとのハートのつながりがもっと安定したら、そのとき、私たちはもっと堅実な方法でそこにいるでしょう。成り行きを見守る態度をとる人たちがいます。彼らが私たちを見るまで相当長く待たねばならないのは確実です。しかし、まだしばらくの間は、あなたが肉体を持って私たちの中に混ざるのは、招待によってのみ許可されるでしょう。以前に説明したように、皆さんと私たちの再会は三次元の波動では起こりません。それは自分の波動を上げる皆さん次第です。

この惑星上でエネルギーが移行しつづけると、まもなく波動の移行によって、多くの人が私たちの本に引きつけられます。私たちは今までに本が出版されたことで、フランスの住民のハートが開き、私たちを受け入れて心から歓迎するのを目撃してきました。この様子は、もうすぐ私たちを見るのに必要な波動のレベルに達した人たちと、内々に少人数で集まることができる、という大きな希望を私たちに与えています。

三次元の歪んだ古いエネルギーを手放して、愛と喜びと一緒に新しいエネルギーに移ることを皆さんに依頼します。これがあなたの鍵です。

第5章　気晴らしの薬物が霊的発達に及ぼす影響

アダマとの対話

（たとえば、マリファナや他の麻薬。他にもアルコール類やタバコなど、常習するすべてのものにも同じ原則がかなり当てはまる）

オレリア――アダマ、マリファナやペヨーテ（訳注4＝幻覚剤）などの薬物が気晴らしや霊的手段として使われ、または常習されています。それに関わる集合意識がありますか？　これらの薬物が使用者にどのような影響を与えるかについて説明してください。

アダマ――まず、一般的な気晴らしの薬物使用について説明したいと思います。もしよければ、その簡単な歴史から始めますよ！　これらの聖なる植物が創造主から初めてもたらされたとき、植物にはエネルギーや意識を上げるという、とても素晴らしい目的がありました。

かなり昔に使われはじめたときには、意識を変える植物は、人びとが自分の神聖な性質や聖なる存在、創造主に対して知覚を開くことを手伝いました。これらの植物は、テレパシーの能力を高めるためにも、さらに生まれながらの資質である、透聴、透視、サイコメトリー（訳注5）、その他の似たような霊能力を高めるためにも、使われました。

このように霊的に開くことで、人びとは天使界や自然霊、動物王国、ベールの向こう側からの存在と、より直接的につながりました。エネルギーは聖なる植物の使用によって高められ、さらに次元間旅行の能力も促進しました。このような霊的通路をつくることが、薬草に含まれる麻薬成分の主な目的でした。これが、「意識の下降」が起こった第四期黄金時代より前の創造の始まりの様子です。

第四期黄金時代までの何百万年間、原初の聖なる植物は、この惑星上の生命の始まりにおいて人類の霊的進化を援助していました。長期にわたる地球の進化の中で、人びとは多くの敬意と神聖さと意図をもって、これらの植物のエネルギーを時々、利用したものでした。人びとは経験したい内容に応じて、生の葉をほんの一かけら、たいていそのまま食べました。これらの植物には非常に多くの種類があり、各植物は独特の霊的才能を与えました。これらの植物がかつて間違って使われたことは一度もなく、使ったことから依存が生じたことも一切ありません。

子どもたちは小さい頃に植物の使い方を完全に理解するよう教えられるので、本来の意図とは違う目的で使うという問題はまったくありませんでした。聖なる植物は五次元以上の周波数を持っていました。その当

（訳注5） サイコメトリー＝物に触れて、その物や所有者に関する事実を読みとる能力。

時は、現在のように植物をいぶして薬物を肺から吸い込むことはしませんでした。ちなみに、いま存在している原初の植物によく似たものは、もう同じ植物とは言えないものです。かつては、葉をほんの少しだけ、あるいは種によっては丸ごと一枚食べました。食べる量は望む結果を生むために必要な分だけです。人びとは、それぞれの植物に特有の属性を摂取するために、その植物の精霊《ディーバ》から許可を求め、植物には多くの敬意をもって接しました。

これらの植物は多くの場所で豊富に生えていて、さらに、ほとんどすべての家の庭でも、数種類を少し育てるために神聖な場所を設けていました。それらは魂のための食べ物として、肉体のための食べ物と同じように重要なものと考えられました。神聖な植物の波動がとても高かったからです。植物は消化されるときに、食べた人の肉体を高め、意識を高次の理解と経験に開く波動の特性を与えました。現在でも、いわゆる「葉っぱ」を吸う人は自分の高次の面とのつながりや、他の次元の現実を経験したいと願って使っています。しかし、その「葉っぱ」は霊的な目的のために最初に使われたものと同じではありません。数種類は地球内部に保存されてきましたが、原初の植物はもはや三次元の現実には存在していません。

闇の術を実践している転生した存在たちが、最初に、原初の植物の遺伝子を変えました。

とても長い間、人類はこの贈り物を自由自在に使っていました。その贈り物に何が起こったのかを理解するためには、歴史を暗黒時代の始めに遡《さかのぼ》る必要があります。その頃、人びとは自分の力を、自分の神聖な存在より、他人の低い波動や力に譲り渡していました。この惑星の文明は一つひとつ、次第に神性と一体だった原初の状態を忘れていって、操作し支配する影のエネルギーに自分たちを預けました。

闇の術の存在たちは他の領域に関する多くの知識を獲得してから地球に転生し、古代の黒魔術師になりました。彼らが最初に、原初の植物の遺伝子を根本的に変えた人たちです。彼らは人びとの霊的な力と知覚を鈍らせることによって、人びとへの支配力を増やそうとしました。これは長期間にわたって行われ、原初の植物は次第に破壊されるか、あるいは波動の割合を少しずつ減らすように改造されました。現在、「気晴らしの植物」として入手できる植物は、原初の植物とは似ても似つかないほど、ネガティブに改造された波動を帯びています。

多くの大人ばかりでなく若者をも虜《とりこ》にしているものは、低次のアストラル界に使用者を連れて行く薬物です。低次のアストラル界では、アストラルの存在《エンティティー》たちが、生き残るために必要なエネルギーを得ようとして、使用者にフックをかけてコードで縛ります。そのようにして常習の主な原因がつくられます。これらの薬物に耽《ふけ》る人たちは、感情体や他の微細なエネルギー体(訳注6)の中で、際限なく歪んだエネルギーをつくります。アストラルの存在たちには彼ら自身の意識があります。彼らは想像の産物ではありません。生きていて、使用者のエネルギーを支配しようと企みながら、次第に攻撃的になる低いエネルギー意識の中に住んでいます。薬物使用が続けられ、時が経つにしたがって、寄生する人のエネルギー・フィールドの中で力と数を増やします。

（訳注6） 微細なエネルギー体＝感情体、精神体、エーテル体などのさまざまな精妙な波動のエネルギー体のこと。

彼らは意識の波動が低く、彼ら自身にはほとんど光もエネルギーもないため、生き残るためには「そうされてもよい」という人間にフックをかけなければなりません。そして、その人間の感情体の中で渇望を生み出します。渇望は中毒の根本的な原因で、アストラルの存在たちによってつくられます。彼らは確実に、自分たちが生き残るための手段として、いつでも可能なときに皆さんの光とエネルギーを吸う必要があります。ですから常習癖は「彼らの麻薬注射」であるとも言えます。常習癖の多くの種類とレベルがどのように形成されているかという概念はあまり理解されていません。もし理解されていたら、常習しやすい薬物にも、安易に市販されているタバコやアルコールにさえも、ほとんど誰も手を出そうとはしないでしょう。

時を経て、植物の波動は変えられてきました。いま皆さんの手元には、意識を変える低い波動の一握りの植物が残っています。現在使われている植物のネガティブな性質は、多次元の旅で意識を光の領域へ導く代わりに、使用者をアストラル界の低い波動へ連れて行きます。そこは光がとても薄れていて、意識もかなり歪んでいるところです。黒魔術師は、魂の中で裂けるような感じと源からの大きな分離をつくるために、この原初の植物の波動を見事に変えました。

気晴らしに薬物を使う人は、たいてい意識か無意識で、大いなる自己とのつながりを失ってしまったことに気がついています。彼らは感情のレベルで、自分自身のより大きな部分と一体となる形態を探しつづけています。中毒は魂のこの自然な欲求から起こりますが、決してこのような行為によって満たされることはあり得ません。薬物使用者は直観的に空虚さとむなしさを感じていて、薬物で自分の一部と再びつながれば、それらが満たされるだろうと期待して、満たされることのない欲求の中で、意識を変える薬物をますます吸い込み、摂取しつづけます。

愛という宝石は、ハート中で脈打つ真我の愛を通して、真我の内部にのみ発見されることができるものです。しかし、薬物使用者はその宝石を外側で探そうと試みます。

もう一度言いますが、地上で広く見られるマインドと魂を変化させる薬物は、満たされることを真我の外側で探し求めている魂の空虚さやむなしさ、孤独感を増幅するだけです。

変性意識の状態をつくるため、あるいは神性に再びつながるために低い波動の薬物に頼るとき、その結果は大きな幻想であり自己欺瞞にすぎません。そのことが分かりますか?

マインドを変化させる目的のために、現在、草が栽培され、化学的薬物が生産されていますが、それらは魂・肉体・精神体・感情体にとってまったく不自然なものです。このような薬物はこれらの体の中で歪みを生じ、その歪みを修正するにはとても長い歳月がかかります。ときには、幾度も生涯を重ねることさえあります。

聖なる植物が最初の遺伝子でつくられたときに、愛と無邪気さと純粋さがかつて存在した場所に、薬物によってアストラルの存在たちから成る巨大な集団が形成されました。そこに今のネガティブな性質が存在しています。その性質は、生命と意識自体のその構造に対して破壊的です。今、これらの存在の波動が届かないところはほとんどありません。これは闇の兄弟たちのもう一つの筋立てで、彼らの予定表はこの全世代の進化を止める、あるいは遅らせることです。アストラルの存在たちの大群が、薬物を吸う人や摂取する人が集まる場所で彼らを取り囲み、「進んで餌食になる人」を待っています。

もし私たちの視点から観察できれば、これらの薬物に耽る人は誰でも、アストラルの存在の領域に招かれていることが明らかに分かるでしょう。彼らはまとわりついて、もっと没頭するようにと駆り立てて、感情的にひどく苦しめます。自分たちの「麻薬注射」を競い合う、血に飢えた吸血鬼のようです。常習癖は植物自体から生じることはほとんどありませんが、これらの薬物を使う人たちにまとわりついているアストラルの存在たちから生じます。これが常習癖で苦しむ主な原因です。

オレリア――アストラルの存在たちはどのように見えるのですか？

アダマ――彼らを描写してみましょう。彼らは濃い煙のように見えて、一・八メートルか三メートル、三・六メートル、六メートルの長さで、やや蛇に似た形をしています。そのエネルギーが薬物を摂取する人の異なる体――肉体・感情体・精神体・霊体――のすべてに巻きつくと、彼らは成長し大きくなります。影響を受けるのは主に感情体で、彼らが薬物をさらに切望するという波動の現われであるために、常にもっと薬物を求めるよう刷り込まれます。

このように使用または常習すると、ほとんどの場合、人格が変わり、性格が損なわれます。魂は、転生の目的と「本当の自分」からますます切り離されるようになります。この変性意識の状態で生涯を過ごした人たちは、薬物を使う前の意識状態に戻るために、さらに数回の転生を経験しなければならないかもしれません。彼らはほぼ確実に、個人的な進化において後退することになります。薬物使用者がその常習によってどんなに自分たちが霊的になったと考えていても、彼らは大きな幻想を抱いていると言えます。

オレリア——オーリック・フィールド（訳注7＝生体の周囲に広がる電磁場）だけでなく、四つの体（感情体・肉体・精神体・霊体）のそれぞれについて、どのように薬物使用の影響を受けるか、もう少し詳しく教えてもらえますか？

感情体への影響

アダマ——四つの体から始めましょう。いちばん影響を受けるのは感情体です。アストラルの存在は主として、感情体と太陽神経叢の中に、常習する物質への飢餓や切望の感覚をつくることで、常習する物質へと誘います。薬物を摂取する人たちは、感情体の成長や成熟が遅いことがよく記録されています。一般に、彼らは何年間も、あるいはその残りの人生でさえも、感情面でのバランスがとても悪く、未熟なままでいることがあります。三十代や四十代の男女が十五歳か二十歳の成熟度であれば、彼らの感情体の発育を妨げる何かがあることが分かるでしょう。普通、感情体はその人が薬物を摂取しはじめた年齢で成熟が止まります。「彼は四十二歳にもなるのに、中身は十六歳のままなのよ」というような噂をよく耳にすることもあると思います。どんな様子か分かりましたか？

感情体の未熟さは、薬物使用者の性格形成を損ないます。使用者は、自らの神性の属性を発達させるどころではありません。その多くは常習癖のせいで、別の麻薬を得るために、あらゆる種類の操作と裏切り行為を頻繁に行い、歪んだやり方でお金を手に入れるようになります。殺人を引き起こす人さえいます。また、常習する資金を稼ぐために、頻繁に売春する人もいます。薬物への依存は、しばしば魂の属性を破壊あるいは縮小するので、転生の目的は成し遂げられません。

すべての人が、本当の自分という神聖な存在へと進化したい、そうなりたいという欲求を必ず持っています。これこそが皆さんの本性で、生まれながらにして持っている権利です。薬物や似たような中毒性の物質を使う人たちは、魂の奥にしかないものを自分の外側で探しています。薬物を濫用すると、進化を促す日々の学びという、普通の経路を通ることに気が進まなくなります。まったく正直なところ、悟りへの近道は外側にはありません。あなたの内側にしかありません。

惑星上の波動が高まると、世界の若者と気晴らしの薬物を使用する人は、彼らの人生や進化、この転生で前もって決めてきた目的に対して、真剣に選択し、確約しなければならなくなります。もうすぐ彼らは薬物使用を「やめる」か、あるいは現在の転生から去って、戯れてきたエネルギーとともにアストラル界で時を過ごすか、二者択一を迫られるでしょう。基本的には、神聖な自己と再び一つになることを選んできた人たちとともにアセンション（次元上昇）の波に乗りたいと願うなら、ある時点で、すべての人がこのような選択をしなければなりません。

精神体への影響

精神体においては、薬物使用は人格と統合のレベルに影響するので、生きることへの動機がとても歪みます。崇高な目的の発達と統合を求めて生きるどころではありません。もっと薬物を買うために、どんな手段を用いてでも、より多くのお金を稼ごうとして、争いと執着の人生を送ることもよくあります。このような意識を抱いている間は、使用者のマインドは鈍く曇ります。遺伝上で、薬物使用によって二、三世代先の子孫にまで間接的な影響が及ぶことがあり得ます。その影響は肉体・感情・精神において、さまざまな弱さとなって現われることも考えられます。親から子どもへと問題が遺伝的に受け継がれます。そのような子どもは、過去の転生での薬物や他の中毒からの、未解決のカルマを解消するために、このような状態で生まれることを選んだ魂であるかもしれません。

肉体への影響

肉体レベルでは、薬物もどんな常用癖も、あらゆる肉体の全波動を下げます。遺伝子的にとても強靭で、肉体に影響を受けないように見える人たちもいます。多くの場合は、脳と感情体に最も影響を受けます。それでも長期間にわたって気晴らしの薬物に耽り、現在の人生の契約を果たせない人たちがいます。彼らは次の転生では、おそらく頑丈で健康な肉体を持つ権利を失うだろうと気づく必要があります。それがどんなに辛く苦しいことになるか、分かりますね！

意識的にでも無頓着にでも、一つの転生で肉体を濫用するなら、その次の転生では、再び健康で強い肉体を持つ特権は決して与えられません。神聖な法則によって、もし頑丈で健康な肉体を与えられても、肉体を虐待すれば、そのカルマがすぐ次の人生に返ってきます。そのような理由から、あらゆる種類の健康問題を抱える子どもたちが生まれています。でも、それがなぜなのか不思議に思いませんか？　彼らが何をしたのでしょうか？　まあ、人間のレベルでは全貌が分からないので、見当がつく人もいないでしょう。たとえ占星術やアカシックレコードを見たとしても、人間の意識は全体像のほんの一部に気づくだけです。

一般に、常習癖に陥《おちい》りやすい人たちは、バランスと活力を維持するために肉体が必要とするものを、肉体に与えない傾向があります。肉体のバランスがとれていないと、常用する習慣を変える動機付けがなかなかできません。少なくとも彼らは栄養失調です。肉体を適切に、定期的に面倒見ないことは自己嫌悪の一部で、常習する人たちが持っている否認の症候群です。つまり自分を神聖な存在として評価することはなく、この人生の機会も評価しません。肉体は、一日に数回、できるだけ生命力をまだ保っている、栄養価の高い自然食品で補給される必要があります。薬物使用者の大多数は主に、まったく栄養のないインスタント食品で出来た即席料理を食べています。

エーテル体への影響

エーテル体において薬物は、微細なエネルギー体として知られる魂の保護膜の大部分を破壊します。ある人生で、マリファナやＬＳＤ、他の気晴らしの薬物を絶え間なく濫用した場合、三～五回か、それ以上の人生を経ないと、最初の地点まで戻れません。常習すると、エーテル体に途方もない損傷を与えます。物理的な視点からでは、見えない体がどのくらい傷つけられるのかは決して分かりません。ただ単に、薬物を二、三回体験して、そのあと二度と使用しなかった人のことを話しているのではありません。その場合は深く傷つくことはないでしょう。私たちがいま話しているのは、長期間にわたって定期的に使用する場合についてです。

多くの人が五年から十年か、それ以上に薬物を使っています。この時期は、天の父が神聖な恩寵を人類全員に提供しているので、すべての人が常習癖を手放して、霊的・感情的・肉体的な掃除をする時間がまだあります。神聖な恩寵によって、すべての人が大いに癒されることが可能です。しかし、もし癒される前に、魂がこの転生から去るようなことがあれば、多くの人が肉体に現われる問題の理由にまったく気づくことなく、その影響と損傷を次の転生に持ち越すかもしれません。

オレリア――オーリック・フィールドはどのように影響を受けますか？

アダマ――私たちの観点から、愛と光と無邪気さの子である人を見ると、その人のオーリック・フィールドは、愛のすべての色と、虹の七光線と、黄金の光を美しく放射しています。そのオーリック・フィールドは異なった彩度の光を放ち、高い波動の色の美しい幾何学模様を表わしています。それは神の美しい色が、虹の光の全色に対応する色を持っているからです。

マリファナや他の薬物を使用する人のオーリック・フィールドを見ると、怒りで赤くなって歪んだ模様と、調和や愛を示さない薄汚れた緑色が見えます。オーラの至るところに、たくさんの黒と茶色の点が斑《まだら》になっています。たいてい元のオーラの美しい幾何学の模様はもはや見られません。

その色がとても歪んでいるように色調も濁っています。そしてアストラルの存在の群れが体のあらゆる部分に、とぐろを巻いた煙の蛇のように巻きついている様子も見えるでしょう。太陽神経叢とハートには、彼ら自身と彼らの低い周波数のエネルギーが密集しています。気晴らしの薬物を使用する人のエーテル体とオーリック・フィールドは、あまり見ていて気持ちの良いものではありません。もし、先ほど描写したオーリック・フィールドと比べながら、薬物使用者たちに自分のオーリック・フィールドを見せることができれば、彼らは相当ショックを受けて、おそらく九〇パーセント以上の人が、その場で薬物の使用をやめるでしょう。

オレリア――地球がアセンションの周波数に入る準備を整えていくにつれて、いま私たちのＤＮＡの束は、元の光の体にあった十二本かそれ以上の本数に戻ろうと変化しはじめています。私たちは進化の新しい段階に突入しています。この新しい段階は、これらの薬物を使用している人たちにどのような影響を及ぼしていますか？

アダマ――残念ながら、彼らはポジティブな方向には変化していません。細胞が変異する主な要因は、愛の波動と努力によって、本人が波動を上げてつくるものなので、薬物使用は完全にポジティブな変化を妨げています。ネガティブなアストラルの存在たちをつくって養い、楽しませる領域にいながら、どのように波動を上げようというのでしょうか。

薬物使用者はアストラルの存在たちを周期的に養いつづけるために、絶えず自分の波動を下げています。そのことについて考えるなら、それはまったく自己嫌悪に価する行為です。使用者が維持する波動の低いレベルは、自分の愛と光の周波数を上げません。こうして彼らのDNAを高い進化の状態へ変化させるのを抑えています。

あなたが持続する愛と光の比率は、あなたのDNAの自然な、また自動的な活性化を決定する要因です。このような活性化は、誰かにお金を払ってDNAの活性化を受けることとは、ほとんど関係ありません。人から受けるDNAの活性化は、ほとんどの場合、意図の儀式を象徴するものです。受ける人が愛と光の周波数を上げて保てなければ、DNAの活性化を成し遂げることはほとんど不可能です。

あなたの光の体の活性化は、日々、維持できる愛と光の量で決まって、加速されます。これは真我を愛することや肉体を愛すること、転生の目的への愛、さらにその他のあらゆる種類の愛も含みます。

オレリア――いかがわしい場所でのマリファナの違法行為は、その波動に影響を及ぼしますか？　たとえば、違法行為に関連する恐れの意識がありますか？

アダマ――ええ、確実にあります。もし適切に利用されるなら、マリファナという植物自体にはポジティブな使い方があります。大切なことは、恐れと常習癖を手放すことと、それぞれの物事を適切な視点で見ることです。マリファナは皆さんが大麻と呼んでいる植物の一種です。当局はマリファナを非合法だとしてきて、恐れてもいます。もし大麻という植物を利用しようとしていたら、人類の利益のために多くのポジティブな方法で使われたでしょう。ところが実際には、全世代の魂の進化を後退させる企てによって、ネガティブな方法で使われています。

非合法であるという事実は若者に、そのうえ大勢の大人にも、興味や特別な魅力を感じさせています。非合法性が恐れを生み出しているにもかかわらず、それはまた自分の内部と惑星上で恐れの意識／アストラルの存在たちを養っています。大勢の人が無意識に、多くの恐れを抱えて生きています。ですから、何か恐いことをすると、肉体のエネルギーの中心で刺激が生じます。こうして自分の内部で、恐れにつきまとうアストラルの存在たちのエネルギーを刺激し、精神的な、そして感情的なスリルという誤った幻想をつくり出しています。

薬物につきまとう存在が、改造された植物の波動によって自らを養っていることと、また恐れにつきまとう存在も、恐れのエネルギーによって養われ、活力を与えられていることを理解してください。怖がることや恐れの波動をつくることは、大多数の人びとにとって嗜好の一形態にもなってきました。とても多くの人たちが恐怖映画や暴力映画を楽しむのはなぜだと思いますか？　この種のアトラクションにとても人気があるのはなぜだと思いますか？　その主な理由は、それらの場面を見ることによってつくられた感情が、恐怖の存在を養うからです。それは刺激性の大評判のものを見物して楽しむ、という内的プログラムを作動させます。自分のハートと、そして自分の神聖な存在と一緒に平和を築いてこなかった人たちは、まだ愛と平和についての本当の意味を理解していません。

この惑星上では大多数の人びとが恐怖によって、感情を掻き立てられるように方向づけられています。これは非常に古くから組み込まれているものの一つで、悟りを得るすべての人によって解決されなくてはなりません。この時期、この惑星と人類は、意識と進化において新しい世界へ向かっていますが、その新しい世界には恐怖の波動が存在する余地はありません。いまだに自分自身の内部でこれらの波動を選んでいる人たちがいますが、彼らは自分たちの課題を学ぶまで引き戻され、新しい世界に入るのを拒否されるでしょう。五次元の意識がこの類の荷物を受け取ることはありません。

ですから、薬物を非合法にすることは、あまり問題解決にはなりません。薬物を使おうと思った人は薬物がとても入手しやすいので、とにかく薬物を手に入れる方法を探すからです。気晴らしの薬物の、内密の売買取引と非合法という事実は、使用者を自分と他人に対してずるく不正直になるように仕向けます。当局への非難や批判からこう言っているのではありません。彼らは知っている最善の方法で薬物問題に取り組んでいます。薬物使用者は疑い深く、隠し立てする習慣をつくり上げて二重生活を送っています。このような振舞いから、高次の意識に入るアセンションと進化のために必要とされるような、魂の性質と人間の性格が形成されることは絶対にありません。

光の子、すなわち愛と無邪気さの子が隠すことは何もありません。

この惑星上での生命は、完全に開いてすべてが分かっている意識へと向かっていますが、そこではすべてのことが知られていて何も隠し事はありません。高次の領域では、あなたの発するオーリック・フィールドや音色、波動、色を通して、いつでもすべてのことが分かってしまうので、誰一人として、誰かに何かを隠すことができないということが分かりますか？　私たちの光の共同体の中だけでなく、地上でも、私たちが凝視しようと選択すれば、すべての人のオーリック・フィールドの中にすべてが見えます。すぐに、この惑星上のどの場所にも、もはや秘密は存在しなくなるでしょう。

さて、友人たち、私のハートの子どもたちよ。こっそりと試みれば隠せると、本当に思っているのですか？　いいえ、実際には、誰もそんなことはできません。しばらくの間は、他の人間からは何かを隠すことはできます。しかし、三次元より高い意識のどの場所でも、光の領域にいるどの存在からも、秘密も考えも感情も意図も絶対に隠すことはできません。

木々や自然霊や動物でさえも、あなたの心や意図、過去や未来を簡単に読むことができます。もし、あなたに十分なテレパシーがあるか、または彼らがあなたの理解している言語であなたに話しかけることができるとしたら、あなたは彼らの知恵と知識にきっと驚くでしょう。皆さんが進化すると、現在の状態はすぐに変わります。すべての生命とこのようにやりとりすることは、進化した文明の全存在がいつも楽しんでいる方法です。無条件の愛と他人を受け入れることへハートを開いていくと、皆さんもできるようになります。そうなれば、皆さんはこの新しい魔法をものすごく楽しむでしょう。もはや何かを怖がることはなくなります。平和はいつも恐れの裏側に存在していたことが分かるでしょう。

私の言葉が厳しいと思われる人もいるかもしれません。または少し大袈裟だと感じる人もいるかもしれません。しかし本当に、私が述べてきたことのすべてが、とても多くの大切な魂の現実となってきました。確かに、マリファナを吸っていても、その全員が私の述べた全部の症状を経験するわけではないでしょう。しかし私は、薬物使用者が転生した目的を無視しつづけるときに、最終的に辿る道筋をできるかぎり説明しました。

オレリア――マリファナや似たような薬物の濫用から自分を癒せるものは何かありますか？　癒しの方法を何か推薦してもらえますか？

アダマ――私たちに秘薬か奇跡的な回答があれば良いのにと思いますね。今後、多くのヒーラーやカウンセラーに使われるようになる波動療法が現われはじめています。これらの装置は、その一部はすでに限定して使われていて、エーテル体をきれいにして再建するのを加速します。その装置は、神性につながっている専門家の手の中で、望むすべての人の歪んだ古いエネルギーを残らず処理して浄化するのを大いに助けるでしょう。また、その装置は地上の社会で、ひどいストレスを経験している子どもたち全員を大いに援助するでしょう。マインドを変える非合法の薬物に頼っている子どもたちだけではありません。実際はそうでないのに、ＡＤＤ（多動）症候群や他の精神病として扱われて、医師に処方された薬を飲んでいる子どもたちにも助けとなります。

とても多くの国々で、闇の勢力がインディゴやバイオレットの魂として生まれた子どもたちを習慣性薬物へと引きつけ、常習癖に誘い込んできたのを見るのは残念なことです。この悪意ある計画は、子どもたちの魂を縛って素晴らしい貢献と叡智を封じるように意図されています。子どもたちはこの惑星に叡智をもたらして貢献するよう運命づけられていて、それは彼ら自身の進化も進めるはずのものです。それなのに、この世界のあまりにも多くの若者が、このような常習癖という罠に陥っています。これらの大切な魂のほとんどは、地球が変容するこの時期に、大きな使命を完遂するという目的をもってここへ来ました。これらの大切な子どもたちの大多数は目覚めるのに間に合うでしょうが、そうでない子どもたちは、薬物の乱用と常習癖によって意識を下げて、進化という点において大きく後退するでしょう。

しかし、真実についての適切な情報と知識が、大きな違いをつくりはじめます。皆さんの社会では、周囲からの圧力がとてもネガティブに影響してきました。違って見えるのを避けるために、あるいは他人から受け入れられたと感じるために、皆さんは力と価値を諦《あきら》めています。皆さんに言いますが「勇気をもって、人と違っていてください！　それは成熟と主権の表われです」

以前に薬物を経験した人ほど、麻薬中毒ではないと他人に確信させるのが上手です。

いま確実に、この惑星上に転生した魂が悪習慣を「やめる」か、それともここより進化の遅れている別の領域で、自分の学びを続けるために現在の転生を去るか、という選択を突きつけられる時が近づいています。最終的な選択を決断するときに、多くの人が適切な選択をすることを願っています。皆さんは「自由選択」の惑星で、進化している社会に住んでいます。ですから、そこでは自分で選択して、自由に経験や実験をすることができます。日々、あなたがしている選択も、ハートとマインドで持っている意図も、そのすべてが現在と未来のあなたに重大な結果をもたらすことを覚えておいてください。

これらの大切な子どもたちのために、恩寵と神聖な介入を祈るようお願いします。この本を読んでいる皆さんとこの話を聞く人たちに、世界の若者を保護するために、愛と青い炎と紫色《バイオレット》の炎の旋風の中で彼らを包むことを依頼します。また皆さんも、彼らが大天使たちに保護されるように要請してください。これらは、たいへん重要な霊的な道具です。もしあなたが薬物を使っている人を知っているなら、あるいは教師たちが高次の意識の概念を受け入れられるなら、彼らにこの情報を与えるか、彼らが理解できると思う最大限の情報を与えてください。あなたの知恵を彼らに話してください。情報と知識は意識を変革する最高の道具の一部です。あなたは決して誰かの自由意志を干渉することを許されていませんが、誰かに知識という贈り物をあげられるかもしれません。それはおそらく、初めてその人に「光明を見出す」選択をさせるでしょう。

大勢の人が薬物によって、自分が霊的に高い道にいると間違って信じています。

現実が変わるという体験をするので、薬物によって自分が霊的に高い道にいると思っている人たちがいます。彼らはその体験で、低次アストラル界へ行っていることを理解していません。彼らの体験は、高次の意識が住むエーテル界の喜びや恍惚感から、いつもまったくかけ離れています。アストラル界と光の領域とでは、とてもはっきりとした違いがあります。四次元の高いレベルで、エーテル界や光の領域をある程度経験しはじめますが、五次元以上ではもっと十分に経験します。

アストラル界は光がほとんど、あるいはまったくないところです。そこでは見て知覚するすべてのものが、光の領域に比べて歪んで雑然としているので、二元性、相対性、霊的無意識の領域と呼ばれることは的を射ています。アストラル界においては、真実と神性はもはや理解されていません。そこは感情的な領域とも考えられています。人類の満たされなかった欲求とネガティブな感情が神からの分離の中でつくられてきました。アストラル界は、そのすべてが膨大にたまっているところです。また大きな幻想の場所とも言えます。なぜなら、アストラル界は満たされなかった欲求と感情を、人を欺くようなやり方で真似できるからです。たいていは、美しく楽しい幻想の世界を見せます。その美しさと楽しさは魂を引きつけることができますが、魂の道には合いません。人間の意識を欺くすべてのものを投影し、時々、とてもうまく偽装して、実際より、よく見えるもので幻想をつくっています。アストラル界はいつも捉えがたく、歪んでいて、魅惑的で、人を欺くところです。

アストラル界には、そのような幻想の高い層から、皆さんが「穴の底」と呼ぶ最下層までさまざまな階層が存在します。アストラル界が人間のネガティブな性質、欲求、感情、波動をすっかりきれいにするまでは、エーテル界に近いところでさえも、アストラル界からは誰も光の波に乗って高く運ばれないでしょう。このように、薬物使用で光を経験するには、必ず適切な波動を持っている適切な薬物が適度に使われなければなりません。しかし皆さんの現在の世界では、もはや以前の植物を利用できません。それに、それらの植物はちょうど絶滅寸前なので、地上で手に入れられることはまずありません。

今の世代の幼い子どもたちは、とても才気がありサイキックです。彼らは真実を言われたときと欺かれたときが分かります。彼らは、皆さんとは異なるレベルの知覚を持って生まれています。子どもたちの多くはこの本を読むとき、私たちの情報についての真実を理解し、完全に受け入れることができるでしょう。残念なことに、薬物濫用の霊的結果について書かれたものはほとんどありません。この問題について啓蒙する文章が出版されたこともありましたが、ほとんどの情報が皆さんまで届くことなく消されてきました。

世界の子どもたちと若者、大人は、この情報を必要としています。どうかこの情報を広めてください。なぜなら、これはこのうえなく重要だからです。大勢の親は自分の子どもたちに無頓着すぎて、あまり親としての役割の準備ができていません。多くの場合、彼らは自分のことと日々の生活の要求で忙しすぎます。子どもたちが転生中に神聖な存在として育って、成熟するためには、子どもの頃に霊的な叡智が必要です。しかし一般的に、子どもたちは彼らが必要とする霊的叡智を両親から受け取っていません。

真の叡智についての適切な教えは、この惑星上ではすっかり破壊されてしまいました。このような理由から、人類が源や一なるものへ戻る道を見つけるのを手助けするために、地球や多くの王国ばかりでなく、多くの次元や銀河体系からも、とても多くの新しい情報が大勢のチャネラーへと押し寄せています。キリスト教の初期にアレキサンドリアの図書館を破壊した人たちは、人類を無知にとどめるという重大な役割を果たしました。この図書館には、優に四十万冊以上の本が所蔵され、本物の叡智についての知識がたくさん保たれていました。それらの知識は人類に光をもたらすために神聖さを保ちながら、長い年月をかけて蓄積されたものです。この美しい図書館の焼失によって、まさにもう一つの人類の「暗黒時代」が始まり、それから何世紀も続くことになります。

それらの本はこの惑星のための霊的な叡智と知識でした。そのような大切な収集品の破壊を画策した人たちは、最初はとても得意になり、喜びました。彼らは権力と支配への渇望の中で、自分たちが人類のために親切な行為をしたと確信していました。しかし彼らは、この教えを人類から奪い、この惑星上で再び光を曇らせようとしたのです。もしこの教えを破壊しなければ、その教えが、彼ら自身に愛と恩寵の人生と、彼らの魂の救いの道を示したことでしょう。それらの貴重な記録の破壊は、地上の進化にとって、とても大きな損失と退行であり、神の行為でないことは確かです。そのような宝の抹消を招いた人たちは邪悪な勢力の手先でした。彼らは今日まで、その行いのカルマの報いを受けています。

オレリア——薬物使用がチャクラに与える影響について、どうか説明してください。薬物が使われると、チャクラは吹き飛んで開くのですか？

アダマ——そのようなことは起こりません。実は、チャクラは引き裂かれはじめると光に対して閉じてしまいます。むしろ、長期の薬物使用はチャクラを次第に弱め、引き裂き、チャクラのシステムに不整合を生じさせます。チャクラはもはや同じ量の光を運べず、ネガティブなものが刷り込まれはじめます。五回から十回ほどの生涯がそのバランス回復に必要とされるだろう、と私が言ったのはそのような理由によります。すべての人が十回の生涯を必要とするわけではありませんが、多くの人はそのくらい長くかかるでしょう。アストラル界からチャクラのシステムにネガティブなものが大量に刷り込まれると、光がとても薄暗くなります。そうなると、もはやチャクラの中に癒す力はなく、バランスを回復させることはできません。

薬物に熱中した魂は、続く数回の転生で、肉体的にあるいは感情的にひどくバランスを崩した状態で生まれることが多くなります。適切な行為や自己愛、そして後続する各転生での向上心によって、光はチャクラの中で再構築しはじめ、やがて癒しが起きるでしょう。その魂はやがて、この転生でちょうど後退しはじめた位置に戻っていることに気づくでしょう。それは進化で多くの段階を後退してから、元のスタート地点に戻ってくるようなものです。これは避けることが可能な、かなり不必要な遅れです。

ある魂が現在の子どもたちと同じくらいの量の光を持って生まれてきたとします。その魂が常習癖に浸るために、自発的に光を曇らせ、魂の目的と運命を捨て去ることを選ぶと、次の転生では同じような恩寵は与えられません。いま保っている快適な美しい光を持たずに、数回の生涯を送らなければならなくなり、それは自分の課題を学ぶまで続きます。そのような理由から、薬物を使用している魂は、その後の多くの生涯で苦痛の旅に乗り出すと言われてきました。

オレリア――アダマ、地上のすべての人にとって、現在は大いなる恩寵の時代です。今この類の歪みから立ち去って、すばやく光へ移りたい人たちのためには、どのような機会がありますか?

アダマ――常習癖と薬物使用が、あなたの惑星では闇の勢力の謀略としてつくられたことは知っていますね。彼らは光の拡大を止めて、さらにできるだけ多くの魂がこの人生で、アセンションの扉へ簡単に到達するのを妨げようと、以前よりも固く決意しています。大切な子どもたちは、妨げられなければ簡単に苦もなく次元上昇できるでしょう! 彼らはとても簡単に、優雅に、悟りと霊的自由に達するために、必要な道具をすべて持って生まれています。

大人の中には、悟って、より大きな叡智を持っていて、薬物の問題が同時代の全世代に関わっていることを理解している人たちがいます。薬物に依存している大勢の子どもたちは、今、そのような大人たちから、今までに例のない援助を必要としています。

いま地球に降り注ぐ新しいエネルギーは、そのような闇の意識を支えることはありません。子どもたちは機会と恩寵の時期を授けられ、他の人たちと一緒に新しい世界へ入ることができるように完全に調整され、癒されるでしょう。しかし、子どもたちには最終的な選択を自分で決める責任があり、誰も彼らの代わりに選択することはできません。彼らはそのことを理解する必要があります。また、そのことをよく知っている大人から指導される必要があります。去ることを選ぶ人たちはベールの向こう側へ渡るときに、自分が驚くべき機会を捨ててしまったことに気がつくようになります。彼らは、次元上昇する人類全員のために二〇一二年に準備されている壮大なお祝いだけでなく、さらに多くのことを逃すでしょう。

愛しい人たちよ、知識です。知識と理解はこの時期に最大の道具です。この知恵を養育者から受け取る機会がなかった人たちに、これらの贈り物を与えることは、本当に愛と思いやりの大きな行為です。

オレリア――テロスには、原初の植物が少しはあるのですか？　原初の植物を使っていますか？

アダマ――テロスでは、多くの原初の植物が保存されてきました。それにその通りです。私たちのところには霊的発達を助ける植物があります。もちろん、私たちはその植物の煙を吸うことはありません。必要ともしていません。現在の私たちの霊的意識レベルは、植物が私たちに与えるどんな利益よりもはるかにすぐれています。私たちは原初の植物を飾っていますが、そのうちのいくつかは類いない美しさです。他の多くの種を栽培するのと同じように、それらの植物を美しさと恩寵のためにのみ栽培しています。忘れないでください、これらの植物もまた、卒業して五次元の種となっています！

将来のある時点で、保存してきた植物の一つか二つを「適切な使用」で、数人の意識を開きはじめるために使うことを考えるかもしれません。大勢のためではないことは確かだと思ってください。ですからその植物を皆さんの市場で売ることもないでしょう。また、今これらの植物の使用に熱中している人たちのための、代わりの植物でないことも確かです。

この薬物の意識によって全世代が覆われていることは、確かに、この惑星上でとても悲しい事態です。闇の勢力はできるかぎり全世代を霊的に転倒させ、虜にしようとしています。それが闇の勢力の究極的な計画であることに気づいてください。あなたはこのようなことを許しますか、それとも本当のあなたという真実と、ここにいる理由に目覚めますか？

オレリア――また近年、マリファナは医療で規定されて違う使い方をされています。使い方に問題はありませんか？　どのような場合でも、これまで話してきたような損傷を与えるのでしょうか？

アダマ――医療目的で知恵ある使い方をされるときには、同じではありません。病院にいる人たちはすでに肉体に多くの損傷があり、深刻な痛みを抱えています。彼らはモルヒネやデメロールのような鎮静剤を使っています。これらの鎮痛剤は痛みを止める、あるいは緩和させるための他の種類の薬物です。これらの薬物もまた同様に、習慣を形成しマインドを変えて、人びとの波動をアストラル界へと下げるものです。マリファナはそれ以上の損傷を与えないので、おそらく先ほど述べたものよりは損傷が少なく、一時的な痛みに対して効果的に使うことができます。

今、転生しているすべての魂は進化するにつれて、最終的に自分自身をどのように癒すかを学ぶ必要があります。これは、あなたがここで得るための「主権性のカリキュラム」の一環です。多くの魂は、自分自身を癒すことに関する何の手がかりもないまま、これから数年後に、彼らが纏《まと》った肉体から去る選択をしてきました。彼らはおそらく別の惑星へ行って進化を続けて、バランスをすべて回復するようになるまで、そこにとどまることになりそうです。彼らをいま快く迎える惑星がいくつかあるので、彼らはそこで、この時期に学びたくなかったことを違う方法で教わるでしょう。彼らもまた、永遠に自分が望むように進化していくので、そのことは彼らにとっては完璧です。彼らの自由選択は常に尊重されます。

マリファナは、たとえば術後二週間というように、苦痛の医療処方薬として短期間で使われるので、先ほど説明したような損傷を与えることはありません。私たちが話しているのは、この転生のために選んだ課題や責任、挑戦から逃れる手段として、日常の習慣として不必要な薬物を何年間も使うことについてです。何年間も薬物を使ったあとで、薬物をやめた人たちがいます。そして今、彼らは自分自身を癒している最中です。多くの恩寵が彼らに与えられ、彼らは自分自身を癒すでしょう。

オレリア――どうしたら彼らが自分を癒せるのか、もう少し説明してもらえますか?

アダマ――常習をやめた人たちがいます。「きっぱりやめる人」は、確固たる意志と自分自身を癒す決意をもってやめています。そうしてやめた結果、彼らはたくさんの恩恵と援助を受け取りはじめています。彼らが日々、癒しの魂の光を呼び出して、大いなる「我れなるもの」としての、永遠の自己と再びつながることは重要なことです。健全で自然な日常の食事に戻ることで、彼らは良いバランスを保ち、そのプロセスはかなり楽になるでしょう。積極的な瞑想と七つの神聖な癒しの炎を使うことによって、彼らの生命の流れに大いなる慈愛と恩寵がもたらされるでしょう。

この時期、真剣に全霊を傾けて、存在の全レベルで自分を癒すことに同意したすべての人に、この惑星の恩寵がとても驚くべき方法で施行されています。何年間も薬物を使用してきても、ひとたび人生で固く決意し、常用しないでいれば、神聖な恩寵の天使たちが彼らの援軍になります。

この時期、地球では、皆さんは文字通り時間を使い果たしかけています。皆さんは次のように自分に尋ねる必要があります。「私は真の自己から分離して辛い思いをしながら、どこか別の場所で、三次元の挑戦と課題に、さらに十回以上の生涯をかけたいと本気で望んでいるのか? それとも私は、永遠に人生経験を変える喜びと魔法のすべてをもって、霊的自由の栄光を経験するために、この惑星と人類と一緒に今、次元上昇したいのか?」

今、そうしたいですか？　これから数年で、そうしたいですか？　それとも次のアセンションの周期を待ちたいですか？　次の機会はたぶん別の惑星で一万年後になって、もっと薄暗い環境の中になる可能性がありますが、それでも待ちたいですか？

オレリア――吸っていない人たちは、どうでしょうか？

アダマ――このエネルギーを肺から吸い込まなくても、社交上、薬物を習慣的に吸っている人たちとつき合うなら、少なくとも一時的にその人の波動も下がるでしょう。

オレリア、あなたは自分の影の面と向かい合ってきました。自分を癒すことにたいへんな努力を注いできましたが、それはとても難しく奮闘してきましたね。とても一生懸命に自分の問題を解決し、バランスを回復させることに取り組んできて、数々の困難にも遭ってきましたね。ですから、あなたの荷物は大勢の人に比べて小さくなったのです。あなたはまた、自分の波動を驚くほどに高めています。あなたの意図が純粋で集中しているので、あなたはハートを開きはじめ、ＤＮＡの束も進化しはじめています。

現在の転生での目的と運命を果たすために必要なことを、完全に否定しつづけることを選ぶ人たちがいます。彼らが自分を癒すためにどんなワークを必要としているかは、あなたの経験から分かりますね？

オレリア――私たちがいま突入している最新のアセンションのエネルギーのために、神性につながっていることとの重要性についてと、マリファナの使用が「我れなるもの」と自分とのつながりに与える影響について解説してもらえますか？

アダマ――薬物の助けを借りれば、より速く開いて、霊的にもっと進歩するだろうと信じている人たちは、完全な幻想の中で徘徊しています。薬物の使用によって、第三の目が部分的に開いた人たちがいます。しかしそれは、アセンションと悟りへの途上で、魂の訓練によって獲得された本当の透視能力ではありません。親愛なる妹よ、近道はどこにもないのです。例外なく、すべての人は、愛と光の波動の中で自分の霊的な宿題をする必要があり、感情的な問題とカルマの荷物をすべてきれいにしなければなりません。

また薬物使用のために、サイキックな知覚がある程度まで開いた人たちも、その能力を閉じることを嫌がらずに受け入れなければならないでしょう。なぜなら、そのような開き方は真の透視能力と直結したものではなく、むしろ低い波動への開示だったからです。本格的に開くには、必ず準備ができたときか、前もって運命づけられた通路に来たときに、神聖な自己の恩寵から生じなければなりません。透視能力が発達してきた人たちのほぼ五〇パーセントが、神聖な約束によって授かった能力を所有しているのではありません。多くの人の場合は、彼らの技能が分離と幻想をさらに生み出していると言わせてください。本書を読んでいる皆さん全員に、注意して識別することをお願いします。その罠に陥らないでください。神性なつながりから外れた透視能力の元となっているのは真の霊的な輝きではなく、神聖なハートの領域内に隠れたままの「本当の真実」の影であることを納得してください。

オレリア――他に話したいことはありますか？

アダマ――もし創造主からの介入と、創造主から今この惑星にたっぷりと注がれている、栄《は》えある、美しい、新しい光がなければ、地球と人類はすぐに違うシナリオに直面してしまうでしょう。もしそうなれば、現在の世代は霊的に完全に一掃されて、地球は再び多くの破壊を経験し、究極的な運命において大きく後退することも考えられます。このような理由から、今とても多くの新しい文章がチャネリングによって、受け入れられるすべての場所に広まっています。インターネットの至るところで、進んで献身している多くのライトワーカーが他の人たちを援助するために、ハートから無料の情報をたくさん分かち合っています。

何も疑問を持たずに、それもすべての人が人間の未解決な荷物をすべて持ったままで次元上昇すると信じている人たちがまだ存在しています。

このようなことは絶対に起こらないと言わせてください。いつかはすべての人が次元上昇するのは本当のことですが、しかし、この生涯やこの惑星からではないかもしれません。世界の若者と年齢的にそう若くない人たちにも向けて、今ここで大切なメッセージをもう一度、繰り返します。「やめなさい、さもなければこの惑星から去らなければならないかもしれません。やりたい放題の時代はもう終わりです」

アルコールやタバコなどの常習性の嗜好品だけでなく、薬物を使用することによって、人びとは運命を捨てて、チャクラを破き、健康と美しい光を縮小しています。そのような人たちは責任を免れることはできません。もし自分を癒すことを選ぶのなら、今ならまだ時間があります。神聖な恩寵はこの時期に、荘厳な機会の窓をいま提供しています。

私たち全員が探し求めているものの本質は、神聖な愛と、痛みや苦しみからの解放です。全なるものへの道中で自己愛を伴うと、かなり楽になります。関心を持っていただき、ありがとうございます。皆さんの愛にも感謝します。今日、皆さんと心を通わせることができて、たいへん嬉しく思います。私は皆さん全員をとても愛しています。

私はアダマ、皆さんを力づけ、支えています。

第６章　神の意志 —— 第一光線の活動

マスター・エル・モリヤとともにアダマが語る

（アダマは私たちに神の意志の光線である青い光線／炎について語る。神聖な意志にゆだねることの霊的な利益について説明し、私たちを素晴らしい瞑想に導く。その瞑想によって、私たちは〈ゆだねる〉という言葉の理解をよりいっそう深める）

オレリア・ルイーズ

私は心の内で興奮しているのを感じています。なぜかというと、何か大きなことがこの惑星上で進行していると分かっているからです。今、エネルギーが極めて速く移行していて、次元間の分離のベールが次第に薄くなりはじめていることも分かっています。過去何千年のどの時点よりも、次元上昇したマスターたちがより身近な存在となり、個人的なコンタクトが増えています。私の子どもの頃や二十代のときと今の物事を比べると、極めて明るい兆しが見えています。暗い雲がまだ完全に晴れていないとしても、誰もが変化を感じはじめています。私が言いたかったのはそういうことです。

私たちがすべての段階を受け入れて、そのような変化が繰り広げられていくとき、その中にたくさんの魔法が存在しています。その魔法を見て感じたのは少しの間でしたが、今もそのことを実感しているので分かります。ベールの向こう側の教師的存在と直接、働いている人たちがいます。彼らは、私たちが育ち、慣れ親しんだ世界より、もっと良い世界をつくろうとしている人たちに道を示すためにここにいます。しかし究極的には、あなたの人生はあなた自身の旅です。たとえどんなに援助が与えられるとしても、あなたのために、あなたに代わって旅ができる人は誰もいません。

今後十年は、皆さんがこの惑星で経験してきたなかでも、最も重要で厳しい年となるでしょう。その十年は、あなたが将来なるものと宇宙的な未来であなたが行く場所や居場所を決めることになります。

この惑星と人類は、いま宇宙的な大きな周期の終わりに差しかかっています。地球は今、新しい周期を選んだ人類とともに進化し、悟りを得る新しい周期へ移りはじめています。そして皆さんは、いま彼女のからだの上で進化している魂として、これからの選択の中でも最も重要な数々の選択に直面しています。地球と一緒に愛と光の真新しい現実へ行きたいのか、あるいは別の長い周期での三次元の転生にとどまりたいのか、あなたは今、選ばなければなりません。ここで新しい世界を経験したいのか、あるいは他の宇宙にある別の三次元の惑星へ移って、三次元の制限と挑戦のすべてを持って、今と同じような人生を経験しつづけたいのか、決めるのはあなたです。

地球は本当に光り輝くアセンションに値します。宇宙的な新しい周期に向けて、彼女自身の卒業ベルがいま鳴り響いています。何といっても、彼女は人類への無限の愛と忍耐を示してきました。でも、人類はそのことに対して、彼女にあまり感謝してきませんでした。彼女は、自由意志の実験の機会を私たちに与えるために、無条件で私たちにからだを提供してきました。今、次のように自分に質問してください。「私は、次のレベルへ地球と一緒に行きたいのか、それとも私はあとに残りたいのか？　残りのたった数年間でどのような現実を自分自身のためにつくり、受け入れることを本当に選択しているのか？」

私が常に耳にするのは、日々の生活に追われてとても忙しいという話や、進化のために霊性や癒しのワークをしたいけれども、また別の機会にと、いつも延期する話です。「そうね、そうするつもりだけど、明日か来月か、または事情が少し変わる来年かしら。それとも生活に少しゆとりができたらね。そうしたら霊性や癒しのワークをする時間がもっととれるから」。時は誰も待たないこと、そして私たちが今、変化の重要な始まりにいることを理解していますか？

次元上昇したマスターたちやアダマ、サナンダ、マイトレーヤー、大天使ミカエル、聖ジャーメイン、そして他のマスター全員が私たちに言っているのは、この時期、**今**は、あなた個人の霊性や癒しのためのワークより重要なことは何もないということです。何もないのですよ。他のすべてのことは、あなたのここでの転生の「本当の目的地」から、あなたを遠ざけるために注意をそらすものです。

あなたが熱望しているポジティブな変化は、そのように取り組んだ結果として、あなた個人の人生の中で現実になるだけです。つまるところ、その他に道はないのです。自分自身で人生を変えないかぎり、人生は何も変わらないでしょう。なぜなら、これはあなたの仕事だからです。あなたはこの人生で、このことをやるためにここに来ています。もし、あなたがやりたくないなら、あなたの代わりに、あなたのために人生を変えられる人は誰もいません。

そうです、私たちは確かに多くの日常生活の義務に専念しなければなりません。しかし、これから数年後に、本当に価値があって違いをつくるのは、私たちが何をしてきたかではなく、私たちがどのようになっているかです！

このことをよく考えてください。私たちが行うことは、時の回廊の中で現われては消えていきます。しかし、人間の経験という視点から、自分の神性を受け入れて、神聖な存在としての私たちがなるものは、私たちとともに永遠にとどまります。

ええと、アダマがここにいます。辛抱強く、私が話し終えるのを待っています。今日、ここに招かれて話すのは彼だったか私だったか、考えているようです。（笑い！）

アダマ

こんにちは、愛する友人の皆さん！　今日、私はテロスの素晴らしい我が家から、皆さんに話しかけていますが、同時に皆さん全員と一緒にいます。親愛なる友人のエル・モリヤも私と一緒にいます。今日は彼の話す予定はありませんが、荘厳な存在感を漂わせてここにいます。私たち二人はこれから話をしながら、私たちのハートとつながっているすべての人に、深い愛を伝えたいと思っています。

今日は、「ゆだねる」道という神の意志について話したいと思います。ご存じのように、神の意志がなければ、皆さんは進化の道であまり遠くまで行こうとしないでしょう。ゆだねることこそはじめの第一歩です。それが最初の通過儀礼で、他のすべての段階に実際に進む前に身につけなければならないものです。もし、あなたが自分の「神聖なる源」の意志である、あなたという存在の「より大きな意志」に進んでゆだねようとしないのなら、どうやって新しい故郷を受け入れるのですか？　もし、神性の完全性や喜び、至福、無制限、失った楽園などの故郷である「我が家」へ、あなたをはるばると連れ戻そうとしているものに進んでゆだねようとしないのなら、一体どうやってそこへ行くつもりなのですか？

神の意志というのは、あなたの外側の神のことではありません。あなたは肉体に転生している間、このことを一時的に忘れています。今も、そしてこれまでもずっとそうでしたが、それはただ、あなたという神のことです。あなたの神聖な存在は完全に全知全能で偏在していて、あなたの欲求をすべて満たすことができます。あなたは、人間という経験をするために転生した、このような偉大な我れなるものの表現の一つに他ならないことを一時的に忘れてきました。あなたは魂の完全さに到達するために、そして神の域と神の叡智まで、自分の神性を完全に高めるために、予定表を持ってここに来ました。あなたはここで進歩した光明と完全な霊的自由を手に入れようとしています。存在のあらゆる局面において制限のない神となるためにここにいます。

この予定表は真我にとっては愛なのですが、その真我とは、他でもない「あなた」です。あなたはいまだに俗事に追われてあまりにも忙しく、転生してきた目的を達成しようと努めていません。あまりにも多くの人が魂の道と魂の進化に関することをいちばん後回しにしています。

さて、友人である皆さん。あなたは束の間の人間の仕事や趣味のために、転生の真の目的を意識的に忘れています。そうすると、あなたの人生に反映されるのは、人生で経験しようと転生前に考えてきたことではありません。いったんベールの向こう側に戻って、去ったばかりの人生を振り返るとき、必ず深く後悔します。魂の欲求をその人生で否定してきたので、そのすべてを満たすために、別の転生の機会を心の底から望みます。

このようにして魂は、ある転生から次の転生へと果てしなく循環するメリーゴーランドのように、何回も転生を繰り返します。あなたの神聖な存在は、忍耐と思いやりをたくさん持っているので、転生の機会を何千回も重ねることを聞き入れてきました。とても大勢の人がここへ来るたびに、自分が来た理由を無視しています。

転生を多く重ねてきたにもかかわらず、あなたは転生に設定してきた目的を果たしていません。このような理由もあって、あなたは光の領域の至福を楽しむ代わりに、今もなお、ここでとても多くの挑戦に向かっています。最終的に魂が切望していることにゆだねるまで、何度も戻りつづけるでしょう。あなたの神聖な存在は、あなたが多くの生涯で、果てしなく苦しみ、求めて、働くのを見守ってきました。あなたの痛みや、失望、絶望、恐れ、涙、疑い、恥、恐怖を観察してきました。個人的にも創造全体のためにもなる大きな叡智を、この全部の転生から得るのを見てきました。ですから、あなたの神聖な存在は今、あなたを自由へ、愛へ、主権性へ、一なるものへ、そして神聖な存在としてのあなたであるすべてへと、帰郷させたいと願っています。

あなたの神聖な存在はあなたを故郷に連れ戻したいと強く願っていますが、あなたに強制することはできません。さらに、あなたの意欲と意図と協力を必要としています。あなたは多くの転生の途中で捨て去り、嫌ってきた自分自身のすべての部分を受け入れる必要があります。愛と信頼をもって、あなたの前に敷かれている道に「ゆだねる」ように、と毎日あなたの神なる自己はあなたに呼びかけています。あなたが愛情をもってゆだねると、少しずつ、あなたの神性の完全性である「あなたという存在の太陽」へ戻る道があなたに示されるでしょう。

このような理由で、自分の神性の意志にゆだねることは、自分に授ける神聖な恩寵となります。

この恩寵から多くの恩恵を受けるのは「あなた」です。最終的に「故郷」に帰ることを、どうしてそんなに長く待っていたのか、いつか不思議に思うでしょう。本当は、決して苦労する必要がなかったことを、いつかはっきりと理解するでしょう。それはあなたの選択だったのです。それはとても長い間、経験してきた痛みと学びのすべてをつくった、あなたという愛への抵抗でした。今は、自分を蔑《ないがし》ろにせず、自分のすべてを慈しみ、受け入れる生き方をするときです。

あなたがゆだねるときに、神性という元の意識へ次第に変容して戻る部分は、人間の自我《エゴ》です。人間の自我は、変性した自我としても知られています。あなたが全幅の信頼をもって、判断も恐れも持たずに、自分をきれいにして癒すプロセスへゆだねると、あなたはかなり素早くこのプロセスを通り抜けることができます。もし、そのプロセス中ずっと戦うとしたら大変ですが、そうでなければ、はるかに苦痛が少なくなります。はじめの第一歩は、いつも最も難しい部分です。そのはじめの一歩に進んだのなら、残りのプロセスは最初より容易であることを信頼してください。

あなたが自分の道にとって最善のことに逆らうとき、あなたの魂は、あなたがもう耐えられないと思うまで、あなたの思い通りにさせます。魂にとっては、時間はあまり重要ではありませんが、光のマスターである私たちは、皆さん全員がこの惑星で十分長く苦しんできたことを知っています。ですから私たちは今、皆さんにもっと楽しい運命を選ぶことをお勧めします。

テロスで、一巻目の『レムリアの真実』を読んだ何千人もの反応を見守っているのは、たいへん興味深いことです。読んだ人全員ではありませんが、とても多くの人がハートを大きく開きはじめました。皆さんの古代の記憶が甦《よみがえ》ってきています。テロスとレムリアでの私たちの生活について書かれたものを読むとき、皆さんのほとんど全員が希望と熱望に涙するのを、私たちは見守ってきました。違う種類の生活がこの惑星上で可能であるだけでなく、変容を受け入れる人びとが自己愛と霊的な叡智によってつくりはじめていることに、皆さんは気がついてきています。

私たちが手伝いますので、今日、皆さんにしてもらいたいことがあります。私たちは自分たちの力ですでに道を踏み固めてきました。皆さんが私たちの足跡を辿れるように、こうして道を切り拓き、皆さんの方へ両手を広げています。私たちは皆さんのために今ここにいるので、皆さんはかつての私たちより、もっと楽に道を歩けるでしょう。私たちに加わりたいと願う人と、私たちが楽しんでいるような人生を共有したいと願う人全員にとって、愛とゆだねる道こそが故郷へ戻る鍵です。

私たちが現在の聖なる恩寵の生活水準に到達したのは、ただ単に昔、私たちも神聖な意志に「ゆだねた」からです。そうすることによって私たちの生活は次第に変容しました。皆さんの場合も同じです。

私たちがしなければならなかったことは、皆さんが現在経験している状況よりも、はるかに困難で苦痛に満ちた環境下でなされました。一万二千年前の光への移り変わりについて少し説明しましょう。聞いて驚くかもしれませんが、大陸崩壊のあと、私たちも全員がこの時期に皆さんに必要とされているのと同じ態度で、問題をすべて解決しなければなりませんでした。

考えてみてください。たった一晩で、私たちはかつて持っていたものと、レムリアで関わったことの一切を失いました。そのうえ、なんといっても苦しかったのは、愛するほとんどすべての人と突然、別れなければならなかったことです。レムリアの美しさと長年の私たちの成果と日々の生活が、突然、跡形もなく消えてしまったのです。

私たちに残されたものは「自分自身」だけ、つまり自己の神聖な面だけでした。創造主からもう一度、

「すべてのもの」を受け取るために、私たちはその神聖な部分にゆだねなければなりませんでした。

テロスはその当時は原始的な発達段階にあり、いま到達しているような栄光に輝く美しい都市でなかったのは明らかです。ほんの一握りの住民と私たちの文化で残ったものを安全に保つために、都市を復興しようとしました。その場所がこの山の内側の大きな洞窟です。都市テロスは、地上に存在していたときの美しさや優雅さや、現時点のテロスの様子と比べると、まだかなり原始的な状態でした。

一晩で生活が一変してしまったために、私たちは長い間、困難な生活を余儀なくされました。私たちが自らの手で、新しい生活を推し進めなければならなかったことを理解してください。私たちは自分たちのためだけでなく、この場所に生まれてくる未来の世代につなぐために、強い勇気と決意をもって都市をつくりつづけました。自分たち以外のすべてを失ったので、私たちは何世紀も必死に働いて、失ったことによる傷を癒して、新しく永続的なものを築きました。私たちは困難な挑戦に直面せざるを得なかったのですが、そのすべてを語るとしたら、何冊もの本になってしまうでしょう。

親愛なる友人である皆さん、はるか昔の私たちの帰郷は、皆さんが想像するほど簡単ではありませんでした。私たちは数々の障害を克服しなければなりませんでした。それに比べたら、いま皆さんは一人残らず何不自由ない状態です。皆さんが生活の中で通り抜けようとしていることによって、失望しないようにしてください。むしろプロセスに任せてください。この惑星上で起きてくる出来事を進んで受け入れてゆだねてください。それらは自分でつくってきた鎖から、あなたを解放するために生じてきます。ただあなたのハートを愛に向けて開いてください。そして私たちが通った道がそうであったように、あなたの光への通り道が、あなたの意識と持続された努力がなければ現実化しないことを「信頼」してください。その報酬が、最後まで耐え抜いた人たちには豪華なものになることを確信してください。

神の意志は第一光線の活動として知られていて、青い波動に共鳴します。

その色は美しい孔雀のようなロイヤルブルーです。その周波数は力強く活発で、浄化作用があります。また「ダイヤモンド・ハート」と私たちが呼ぶものにも関連しています。この聖なる意志にゆだねることには、ダイヤモンドのように多くの面があります。大天使ミカエルは青い光線の天使です。そしてエル・モリヤは青い光線のマスターで、また神の意志のダイヤモンド・ハートの守護者です。

青い光線は神聖な力と指導者の光線で、話された言葉や沈黙の言葉による力の光線です。このような理由から、喉のチャクラと関連しています。また人類によって最も誤用されてきた光線です。愛と思いやりの言葉を話さないときには、必ずその光線のエネルギーを誤用しています。自分のやり方を通すために支配や操作をしようとするたびに、青い光線のエネルギーを誤用しています。それから、気がついてほしいのですが、このエネルギーの誤用はとても微妙な方法でよく行われています。実際、とても微妙なので、すべての自分の言葉や行動、動機などをハートから監視しはじめなければ、自分でも気がつくことがないくらいです。

私の言っていることを理解していますね。あなたを他のマスターたちのところへ連れて行くために、あなたが達成する必要のある意識に、あなたを向けさせる光線です。マスター・エル・モリヤは霊的に厳格な人として知られていますが、彼の規律の厳しさは、彼の魂が皆さん全員に対して抱いている非常に大きな愛を反映しています。

光線は、あなたが進化のこの段階で身につけなければいけない基礎的なカリキュラムの一部です。あなたは等しく七光線と、さらに今、その他五つの光線のすべての神の属性を身につけなければいけません。一つの光線が他より重要で素晴らしい、あるいは劣っているということはありません。あなたはそれらを同等に身につけて、バランスよく理解する必要があります。

他の生涯でも、いつも同じ光線に取り組んでいるとはかぎりません。あなたは全光線の叡智を得て、統合しようと努力しはじめています。あなたはもともと光線の一つを基につくられたので、その光線はあなたの永続的な光線としてとどまります。それはモナド(訳注8)の光線とも言われています。しかし、たとえば青い光線の魂、あるいは黄色の光線の魂、緑色の光線の魂として、もともとつくられたからというだけで、すべての生涯でその一つの光線に取り組みつづけるわけではありません。それぞれの生涯では、たいてい二つの光線を身につけようとして、他の光線については一つにまとめてバランスをとろうと努力します。全光線をとても深いレベルで身につけてバランスをとるまで、そしてアセンションに必要な通過儀礼のすべてを通るまで、あなたはそうするでしょう。

(訳注8) モナド＝神聖な高次の自己のさまざまな呼び方のうちの一つ。

人びとが地球のこの次元に来るのは、まさしく霊性を鍛えて身につけるためです。

もし、念入りにその目的に取り組まないのなら、ただそうならないだけです。これが、あなたが何回も転生を選んできた理由です。ただ願うだけ、あるいは連想するだけでは、神性を完全に自分のものにすることはできません。そのようにはなりません。魂は、三次元で続けて転生することによって洗練され、完全になります。宇宙の兄弟《スペースブラザー》たちが自分を救いに来るはず、あるいは意識の進化のための霊的なワークを免れることができるという幻想を抱いている人たちがいます。そのような幻想を抱くと、いつか大きく失望することになります。無条件で光の領域に連れて行ってもらえると安易に考えている人たちに言いますが、その考えを改めてください。宇宙の兄弟たちはあなたを救いに行くことを許されていません。それに、あなたは魂の成長という明確な目的のために今の人生をつくってきたので、救出される必要はありません。

すべての生涯において、あなたは自分で選択して地上の転生に戻って来ています。あなたは決して強制されてここへ戻って来たことはありません。

あなたはすべての生涯において、魂の意識を進化させて、より多くのことを身につけるために、転生の目的と経験を選びます。転生と転生の間でベールの向こう側にいるとき、直前の転生でやり残したすべてのことに気がつくので、戻って来ることを望んで、そう選択します。あなたは達成しなかった目的に照準を合わせて、すべての目的を果たしたいと心から思います。進化のこの段階を完了したと自分が感じるまで、機会を何度でも繰り返し求めます。

肉体の中に入るたびに再びベールが下ろされるので、あなたは罠にかかって切り離されたように感じて、すっかり幻想に浸ります。地上の人びとの意識が、濃い密度や歪み、神聖な原則からの分離のレベルへと落ちてきたので、人びとはこの惑星上の生活で多くの困難を繰り返し経験してきました。人類はこの惑星上で可能なかぎり遠くまで分離してきました。そうして学んだことや集めた経験、全体に加えられた知識は驚くべきものとなってきています。

このような分離の状態は光の領域や宇宙の兄弟、地球内部の文明から前例のない莫大な援助を受けて、いま次第に変化しはじめています。三次元への分離は、魂がいったん神から完全に切り離されるとしたら、魂はどのように反応するだろうかということを理解する実験でした。肉体を持ってここにいる皆さん全員が、この宇宙プロジェクトに志願してきました。そうでなければ、皆さんはここにはいないでしょう。

皆さんはこの大実験への参加にとても興奮し、さまざまな世界や宇宙から志願して来ました。この大実験には時間枠の始まりと終わりがあって、それは何百万年も前に起こっています。この大実験は、地球の人びとが勇気ある強い魂になることを手助けしてきました。そして、皆さんのような勇気ある魂の大きな犠牲のおかげで、地球の魂たちは今、より大きな栄光へと持ち上げられ、自ら運命を壮大に築きはじめています。皆さんはこの宇宙の中で、好見本となって、生まれて来る新しい文明の教師となるように運命づけられています。

あなたが神の意志にゆだねて、あなたの意志が神の意志と一致すると、この宇宙と他の宇宙のすべての場所で引く手あまたの魂の仲間に入るよう運命づけられます。惑星地球は、闇と苦痛を最大限に経験してきましたが、もうすぐ大いなる愛と光の状態へ高められ、他の人たちが学ぶために道を示すでしょう。実際、地球のような場所は本当に他には存在していません。この惑星の住民であることを誇りに思って希望を抱いてください。皆さんは十分長く苦労してきたので、今、全員が故郷へ帰るときです。私たちはそのような素晴らしい期待を胸に、皆さんに挨拶し、両手で皆さんを抱きしめるのを待っています。私たちは皆さんが愛の谷間へ戻るのを、喜んで迎えたいと熱望しています。そこで流す涙は、喜びの涙になってきています。

過去からの傷とトラウマの多くの層を剝《は》がすにつれて、多くの人が神とスピリットへの信頼が自分に欠けていることを発見しています。ですから、皆さんにとっては神聖な意志に「ゆだねること」は、恐ろしい提案なのです。

この人生や他の生涯において、あなたは裏切られた、見捨てられたと感じているので、皆さんが怖がっているところを詳しく説明します。これは意識が最初に降下したときの核心の問題です。あなたは神の聖なる源から最初に分離したときに痛みを生じました。それから痛みは、今あなたが住んでいる世界をつくりました。分離による個人化のあらゆる現われに、この惑星で皆さんがしてきた経験をつくるために必要なことが備わりました。それがどういうことかというと、神を知らないことです。そのようなことも分からずに、あなたは神と自分の真我をどうやって本当に知ることができるのでしょうか？　最初はわずかな恐れや疑いとして始まったものが、やがて神と自分自身に対する信頼の欠如となりました。

あなたの試練は、今もう一度、神性を信頼するようにして、とても長い間、神からの分離を生じさせてきた意識を逆転させることです。宇宙は愛情のある慈悲深いところですから、あなたが「信頼」すれば、すべてのものをあなたに与えるでしょう。転生中のいくつかの魂が、神は常に与え続けるだろうかと疑問を持ちはじめたときから、意識が次第に「低下」しました。創造主は数百万年の間、いつもすべての人にすべてのものを与えてきました。その後、間違いなく大勢の人たちが、もしこれが突然止まったらどうなるだろうと深く考えはじめました。もし、神が供給を止めようものなら、自分たちで供給しはじめなければならないと「意識を低下」させました。この歪んだ概念は、最初はほんの数人だけのものでしたが、やがて一般大衆へと伝わりました。

この信頼の欠如を生んだ恐れは、それからますます増幅されて、ついに全人類が生まれながらの神聖な権利をほぼ完全に棄てました。そのあとのことは、皆さんがよくご存じの通りです。

神の意志にゆだねることは、魂に通過儀礼と各自の生まれながらの神聖な権利を回復する機会を与えます。このようにして今、信頼の欠如を癒さなければなりません。そのためには勇気と身を捧げることが必要です。周知のことという波止場から出て、見知らぬ静止した深い水へと踏み込むのは究極の信頼の行為です。ハートで魂からの呼びかけを聞いてください。そうすれば、今どんな選択ができるのかが分かるでしょう。自分の真の目的が、加速し進化しているこの惑星のここにあると分かるでしょう。

あなたが「信頼しない」ことを選んだとき、神がその選択から生じる経験と多くの結果のすべてをあなたに与えたので、あなたはそこから叡智を学ぶことができました。

次元上昇してマスターの域に達するために、あなたの大いなる自己に故郷へ戻ることを確約することは、神を信頼する恐れをもたらします。そうすると、あなたは自分の問題を全部きれいにすることを要求されるからです。大いなる自己はそのプロセスにおいて、昔からあなた自身がつくってきた影の全素材を、あなたの経験に投入します。あなたはこれらの問題を恐れるのではなく、愛と信頼の中で、新しく選ぶ機会を与えるものとして見なければなりません。

バランスをとって理解される必要がある問題のすべても、解消される必要がある、残っているどのようなカルマも皆、あなたの経験をつくり出しています。このすべてに直面することは、一時的な挑戦になる可能性があります。「神を信頼すると約束したら、私の人生は以前よりもっときつくなってきた」と思うかもしれません。そして、あなたは信頼しない周期へ後戻りすることを選びます。その道を通るには、たとえどんなものが差し出されてもそれを認めて、しばらく困難であるとしても直面することです。たとえ、どんなものが人生に現われ、人生が一時的にもっと困難になるとしても、あなたが新しい道にいて、そのエネルギーが最終的に移行することを信頼してください。あなたが創造主に向かって不信を表明してきた何百万年間に比べて、真の自己への帰還はかなり素早く実現できるでしょう。

聖書に出てくるヨブのことを考えてください。彼は厳しい試練を受けましたが、信頼しつづけました。彼は健康と妻と子どもたちを含めたすべてのものを失いました。それにもかかわらず、彼が信頼しつづけると神に証明できたとき、すべてが、それもはるかに多くなって彼の元に返されました。しかし、彼は最初に魂の闇夜を通り抜けなければなりませんでした。ですから、あなたもそうでしょう！

闇夜を通り抜けるプロセスに入ってください。最終的に、どんな判断も執着もせずに、長い間、影の中に隠れてきたもののすべてに直面してください。なぜならすべての贈り物をこれらの影の中で見つけることになるからです。あなたは生まれながらの神聖な権利の属性を再発見し、あなたの全部のエネルギーがあなたに返されるでしょう。創造主を再び信頼して完全な愛にゆだねると、絶望ではなく、あなたの救いとなるでしょう。

基本的に、人間は誰でも同じ進化の道を歩んでいます。皆さん全員が同じ問題を抱えているので、恥じたり後悔したりする必要はありません。あなたがいま経験していることは、他の人とは違って見えるかもしれませんが、すべての人の経験は同じようなものです。信頼の欠如と源からの分離は、このたいへん長い苦難の旅をつくってきました。今こそ、愛と信頼で自分自身を完全に復活させるときです。

「たとえどんなに苦しくなろうとも、自分の思い違いと恐れを手放してプロセスを信頼しよう」と、やっと言えるようになると、その最初の、最も難しい第一歩を踏み出したことになります。最終的に傷心と怒りに直面すると、それは全然あなたが思っていたほど痛くはありません。もしあなたが許可すれば、プロセスがあなたをはるばる「故郷」へ連れて帰って、ようやく苦悩と欠乏はすべて終わりを迎えるでしょう。あなたは新しい思いやりをもって、宇宙とあなたの人生を柔軟に理解するでしょう。そしてあなたの人生を支配してきた苦闘もおさまるでしょう。

いったん恐れを克服したら、すべてのことがあなたに開かれ、あなたは制限なしにすべてを持つことができます。

これ以上あなたを引き止めるものは何もありません。あなたは絶対的な確信をもって、長い間、恐れてきたこの宇宙が、あなたが以前に欲しかったものと、かつて必要だったものをすべて与えることが分かるでしょう。あなたが原罪と呼ぶものは、神への信頼の原初の亀裂、と私が呼ぶもので、基本的にはあなたが克服する必要のある最後のものです。

それはアダムとイブの物語に関わっています。その物語は分離へと導いた、神への信頼の欠如を描写しているたとえ話です。

そうです、アダムとイブはほとんど理解されずに記録された、ただの物語です。聖書に出てくる寓話は、真実をある程度は含んでいるかもしれませんが、そのように起こらなかったのは確かです。アダムとイブの物語と、人類が恩寵から堕落した物語は、実際のところはとても複雑です。いつか真実の記録すべてが人類に利用されるようになれば、やがて皆さんはそこから多くのことを理解して学ぶでしょう。その物語は起こったことの単なる拙《つたな》い描写で、正確さにも欠けています。

その物語が示していることは、人びとが創造主を信頼しなくなり、恐れるようになったということです。オレリアが持っている本の中に、クリスティン・マーサーが自分の体験を書いた『The Sons of God』（神の息子たち）という小冊子があります。これはどんなことが起ころうとも、神を信頼すると決意した女性の話です。彼女の信頼はとても極端な試練を受けます。過酷な試練を通して彼女は、決して二度と、どんなことにも文句を言わないと心から固く決意します。彼女はどんなに苦しくなっても信頼しつづけます。彼女はこのように身を賭して「ゆだねた」にもかかわらず、とても過酷な試練に遭いました。この本当にあった話は幸せな結末を迎え、とても短い期間中に奇跡が次々と起こり、それによって途方もない量のカルマのバランスがとれました。

試練の期間中、彼女は経験しているすべての困難に対して神に感謝しました。そうすることが、より偉大な何かへ彼女自身を導くことになると分かっていたからです。そして、それは確かにその通りでした！ついに数年後、彼女は肉体を次元上昇させることができました。その当時は、この惑星上で次元上昇ができた人は他には誰もいませんでした。それにこの惑星のエネルギーも、まだ今の時期のように次元上昇を支えていなかった時代でした。

この小さな本は、オレリアがやや困難な時期を通り抜けていたときに、彼女に強い印象を与えました。彼女は古本屋で二ドルでこの本を見つけて、始めから終わりまで、夜遅くまで読みました。「――うーん、私の状況は、決して彼女ほどきつくないけど、彼女と同じようにすれば良くなるかもしれないわ」とオレリアは考えました。自分が人生の状況に対してクリスティンほど素直でなく感謝もしていないこと、そして憤りを抱いていることを、心の内でよく考えてみました。

オレリアはその本を二度読んで、それからできるかぎり「感謝のこころ」でいるという原則を守ることに決めました。オレリアの状況はたちまち良くなって、数カ月以内に再び、それまでの長い期間よりも満足できるようになりました。心が晴れて財政状況も回復しました。

クリスティンの本は、すべての恐れをどうやって超えたか、ということを描いている点が非常に役立ちます。この女性が自分と人生のために恐れを克服した方法は、すべての人が見習うべきとても良い例です。

試されるということについて、その目的を説明したいと思います。

神はただカーブボールを投げて意地悪をするために、あなたを直接試すのではないことを理解してください。あなたが霊的自由を取り戻すために自分をすべてゆだねるとき、あなたを罠にかけようとする、あるいは居心地を悪くさせる外部の力を経験しているのではありません。試されることは、過去につくってきたネガティブなものを一掃してバランスをとるために、あなたが招いてきた機会です。あなたが今、霊的成長のために癒すことを選択すると、与えられた経験という「利益の種」から癒すことができます。

自分自身に全幅の信頼を置くと、宇宙は応えて直ちに与えはじめます。

神は、本当はあなたを試したいと思っていません。神は愛であり、神の愛は無条件です。あなたが、私たちが話しているようなやり方で自分をゆだねると、宇宙はあなたのすべての問題のバランスをとり、永遠にそれらを癒すために必要な、あらゆる状況や機会を与えるでしょう。あなたの意志が神聖な意志と一致しているとき、宇宙がとても素早くあなたの要求に応えることを、あなたはすぐに発見してとても驚くでしょう。

瞑想する前に、もう一つ説明したいと思います。あなたの神の臨在に、変化と変容のプロセスに完全にゆだねます、と心の底から誠実に確約するやいなや、あなたの神の臨在は「すべてのものへの扉」を開くために、あなたが欲しいものを得るのに可能な、最短で最も楽な方法へあなたを導くでしょう。

神の意志へと心を開くことは、ゆだねることによってなされます。ですから、神の意志とはあなたをはるばると恩寵へ帰郷させる、まさにその性質のことです。この惑星上の魂には、通過儀礼や進歩のために特定のマスターのところへ連れて行かれる前に、理解しなければならないことがあります。最初に、神聖な意志にゆだねるという、エル・モリヤのテストに合格しなければならないことです。アセンションと霊的な旅への確約を本当に決意するときに、もしゆだねることについてのテストを受けたくないなら、どうして他のテストに合格できるのですか？　他のマスターたちは、あなたが青い光線のさまざまな面を理解するまで、あなたと一緒にワークしないかもしれません。そしてその後、あなたに他のマスターとワークする準備が整うと、あなたは「推薦状」をもらって、そのマスターのところへ優雅にエスコートされます。

私はゆだねることについて皆さんに話すのを楽しみにしてきました。これは現時点で、最も必要とされていることです。恐れを超えていくことが鍵です。恐れを手放す人が増えるにつれて、他の人たちが恐れを手放すことがより簡単になるでしょう。もしあなたがこの惑星を援助できる方法を知りたければ、最も重要なことは、自分の恐れを手放して、愛をもってそのものにゆだねて、一切の判断を手放すことです。あなたがこのことをもっと練習して、もっと成功し、他の人に恐れを手放すようもっと励ますと、あなたが自分と他の人たちのためにつくっている道はさらに広くなります。あなたは最初に自分自身をきれいにすることによって、この惑星に最も奉仕することができます。

瞑想――テロスの「神の意志の神殿」への旅

テロスに、神の意志に捧げられた神殿があります。また、チベットに近いインドのダージリン地方にもそのような神殿があります。ダージリン地方でもシャスタ山でも、神の意志の修養所《リトリート》はマスター・エル・モリヤが守護しています。皆さんの多くは、神聖な意志にゆだねることについての第一光線の通過儀礼を学ぶために夜、そのどちらかの神殿へ行っています。ダージリンの神殿は、最初に建てられた「神の意志の神殿」で、テロスの神殿よりかなり前から存在していました。両方とも五次元の周波数に存在しているため、皆さんの目には見えません。今日は、私は皆さんをテロスにある「神の意志の神殿」に、意識を保った状態で連れて行きたいと思います。

ハートに集中して、何回か深く呼吸してください。あなたの神聖な存在か大いなる自己に、私たちと一緒にあなたをテロスへ連れて行くことを意識的に頼んでください。

あなたが自分のマカバ（訳注9＝光の乗り物）でここに着くところを見てください。あなたのガイドの一人が付き添っています。かなり大きな、乳白色に輝く青い構造物が見えてきます。それは六つの側面から成るピラミッドの形をしています。近づくにつれて、あなたのまわりのすべてのものが、その美しく青いエネルギーと共鳴します。そのエネルギーはとても爽やかで落ち着きます。自分が神殿の表玄関の真珠色の階段を昇っていくところを見てください。まわり中でさまざまな高い噴水から、荘厳な青い霧が噴き出しているのを観察し、感じてください。噴水のまわりには白と金色の四角い花壇があり、青い花がとても豊富に多彩に咲き乱れています。可憐な忘れな草もあります。今、表玄関に足を踏み入れると三人の青い炎の天使たちが待っていて、あなたをエスコートしてくれます。

玄関ホールに入ったら、透明なチェンバー(訳注10)を見てください。あなたのガイドはその聖なるチェンバーにあなたを案内します。中央に巨大な青い炎のダイヤモンドがあります。そのダイヤモンドは、今後も他では見ることがないと思われるほど大きく、その高さは四・五メートルから五・五メートルほどです。そのダイヤモンドには数千の面があり、それぞれの面は、神聖な意志のダイヤモンド・ハートの異なる面を表わしています。そのダイヤモンドは、あなたのハートの内側で生きているダイヤモンドと、それほど違いません。やがては、あなた自身のダイヤモンド・ハートの驚くべきすべての面は完全に活性化

（訳注10） チェンバー＝光の大きな部屋。エーテル体や光の存在をある場所から別な場所に移動させることができて、何十人、または何百人、何千人の魂を収容できる。宇宙船の中に多くの部屋があるように、チェンバーにも多くのチェンバー（部屋）がある。

され、復活するでしょう。あなたのダイヤモンド・ハートとあなたの聖なるハートは一つであり同じものです。それらはお互いがそれぞれの構成要素となっています。それらは無限のチェンバーから成り立ち、それぞれがあなた自身のダイヤモンドの一つの面に対応しています。

神聖な意志の神殿の聖なるチェンバーに入ってください。マスター・エル・モリヤが「ダイヤモンド・ハートへようこそ」とあなたに挨拶します。エル・モリヤは背が高く、瞳の色は茶色で、まるで禅師のようです。青いローブを着ていて、その上に冷光を発する白いケープをはおっています。頭には、青味がかった白と金色のターバンを巻いています。彼はあなたに「青い炎」のクッションの一つに座るよう勧めます。そしてダイヤモンド・ハートのエネルギーに集中して、そのエネルギーを吸い込むように、と今あなたに言っています。そうすることによって、あなたは肉体に戻るときに、このエネルギーを最大限に持ち帰ることができます。この青い光線は、愛の光線へ力を渡す光線です。光線のすべてが愛に加えて、各光線に特有の属性を含んでいます。

そのダイヤモンドの前で、恐れでいっぱいのあなたのダイヤモンド・ハートのいくつかの面をすべて開き、恐れを手放すことができます。この巨大なダイヤモンドのエネルギーがあなたの恐れを引きつけ、吸収するように意図してください。親愛なる皆さん、そうすれば、それらは解放されて癒されます。自分のハートから恐れを解放するにつれて、ものすごく癒されるでしょう。

一度の訪問で、あなたの恐れと重荷のすべてを解放するのは難しいかもしれない、と自覚していてください。このような理由から、あなたがより深いレベルの癒しを受けたいと願うたびに、テロスやダージリンにあるこの神殿に戻ることを勧めています。内なる癒しは、完了するまで進行するプロセスです。あなたの努力を進行中のワークとして考えてください。そしてすべてのベールが上がるまで、自ら進んでそのプロセスを持続してください。完了したと分かるのは、すべてのベールが持ち上がるときです。

あなたのちょうど真上に立っている、あなたの大いなる自己と今つながってください。あなたの偉大な神我は、本当のあなたである無限の存在で、あなたの恐れが残らず解放され、癒されるのを待っています。この神聖な存在とつながってください。そして、もし準備ができたと感じたら、あなたをそのようなひどい苦痛に閉じ込めてきた、すべての恐れにゆだねることを約束してください。そうすれば、あなたは全なるものへと回復できます。

明日、あなたの人生にたとえどんなことが現われてきたとしても、それは恐れか、古い信念のパターンの鏡にすぎません。それは、あなた自身の内部にまだ抱えている、解決して受け入れる必要のあるものです。このワークをすると、恐れそのものの幻想の外に恐れるものは何も存在しない、とすぐに分かるようになるでしょう。

この素晴らしい青い炎を呼吸しつづけてください。できるかぎり、あなたの肺とハートにたっぷりと吸い込んでください。このエネルギーを肉体に持って帰るつもりで、意識的に十分に吸い込んでください。また、あなた自身の多次元の全部の面と光の領域の全存在が、あなたの神聖な恩寵への帰郷の旅を支えていることも知っていてください。あなたはあなたの旅で一人ぼっちではありません。あなたには入手可能なとてもたくさんの愛と支援があります。あなたが選べば、愛や支援を手に入れられると確信してください。

青い炎の鎮静作用を感じてください。青い炎にはあなたの苦痛のすべてを和らげ軽くする、独特のやり方があります。

いまマスター・エル・モリヤと私が、神殿のダイヤモンドの前に座っている一人ひとりへの贈り物を持っています。それは青の本質を放射している完璧な小さなエーテル状のダイヤモンドです。私たちは、あなたのハートの聖なる部屋の内部に、つまりあなた自身の聖なるハートのエネルギーのすぐ内側に、その小さなダイヤモンドを置こうとしています。

このダイヤモンドは、あなたが獲得しようと努力しているダイヤモンド・ハートの神聖な完全性を、あなたに映し出してくれるでしょう。ダイヤモンド・ハートの完全性は、この贈り物とともにあなたがダイヤモンド・ハートとワークするかぎり、いつまでもあなたに反映されるでしょう。毎日瞑想中に、そのエネルギーを吸い込むことをお勧めします。そしてあなたにとって適切と思われるあらゆる方法で、それらのエネルギーとワークしてください。瞑想中に、あなたの大いなる自己に頼んで、そのダイヤモンドのどの面がまだ痛みを抱えているのか、あるいは癒され整えられなければならないのか、見せてもらってください。あなたがいま受け取ったダイヤモンドは、あなたのハートが完全に開いて、癒されるために必要なすべてのことを反映しつづけるでしょう。喜びと恩寵とともに、ゆだねる道へとあなたを連れて行くでしょう。そのダイヤモンド・ハートは生きていて、脈打っています。その色は、光輝く孔雀のような青い色です。

それらのエネルギーを呼吸しつづけながら、その状態にゆだねてください。この道を歩くという固い決意を持ち、あなたのガイドと自由にやりとりしてください。しばらくの間、このエネルギーとともにいて、いま受け取ったばかりの恩寵に感謝してください。（少し間を置く）

終わったと感じたら、この宝物を持って体に戻ってください。意識を保った状態でダイヤモンド・ハートとワークすればするほど、そのエネルギーはあなたの人生を増幅し、祝福します。これは私たちからあなたへの贈り物であり道具ですが、あなたが使わなければ役には立ちません。覚えておいてください、あなたが使わなければ、あなたからなくなります。また、このダイヤモンド・ハートは自己信頼の波動も持っています。あなたの恐れを解放するのを手伝うために、この自己信頼のエネルギーを利用してください。そうすれば、あなたは優雅にゆだねることができるでしょう。

この時期、青い光線のマスター全員があなたに援助の手を差しのべているので、彼らの手を借りることができます。終わる準備ができたら、目を開けてください。私たちと一緒に神の意志に基づいて瞑想し、霊的自由へ向けて飛躍的な進歩を遂げるために、あなたがこの癒しの場所に頻繁に戻ることをお勧めします。最愛の我なるものよ、それはすでになされています。

第7章　自由と変容の紫色の炎――第七光線の活動

アダマとマスター・聖ジャーメイン

（アダマはマスター・聖ジャーメインを伴って、私たちに変容の紫色《バイオレット》の光線について語る。素晴らしい瞑想を誘導して、マスターへの道で各自が紫色《バイオレット》の炎を使う方法を指導する）

オレリア――紫色の光線は変化や錬金術、自由のエネルギーを表わしています。この時期、ハートを通じてアダマとマスター・聖ジャーメインと対話することをお勧めいたします。アダマは素晴らしいハートの医師であり、聖ジャーメインもそうです。アダマは話をするとき、皆さんのハートに直接話しかけて、ハートの癒しを活性化します。これは基本的にアダマが望んでいることです。アダマはまた、他にもいろいろなやり方で、皆さんを本当にテロスにつなぐことができます。

グループ――聖ジャーメインが錬金術のマスターだと知らない人のために、彼がどのような人か説明してもらえますか？

オレリア――聖ジャーメインは永劫の昔から紫色の炎の守護者です。霊的な管理階層の中で、彼は第七光線の長の地位を占めています。つまり第七光線の活動である、この惑星のための自由と変容の紫色の炎の守護者というわけです。彼は数多く転生していますが、そのうちの一つはマスター・ジーザスの父親の聖ヨセフで、二千年前に生きていました。また、預言者サミュエル、クリストファー・コロンブス、それにシェークスピアの劇の本当の著作者であるフランシス・ベーコンとしても転生しています。自分が書いたと言わずに、シェークスピアに劇をあげた理由を聞かれたことがありましたが「カルマのバランスをとるため」というのが彼の答えでした。

最後に大切なことを言いますと、彼はかつてフランス革命以前も革命中も、フランスで「サンジェルマン伯爵」として有名でした。この不滅の人物は三百年間ずっと生きつづけ、それも常に四十歳の男性の姿で多くの人の前に定期的に姿を見せています。彼は「ヨーロッパの不思議な人物」と呼ばれ、あらゆる言語を操り、あらゆる楽器を演奏することができて、多くの錬金術を友人たちの前で披露しました。ある場所に物質化して現われると、数秒後に消えて、数分後に数百マイル離れた場所に再び現われることができたことでも有名です。また愉快なユーモアの持ち主で、とくに英語ではユーモアたっぷりに話します。最愛の聖ジャーメインとつながるときや会話するとき、いつでも私の魂は本当に喜びます。彼の名前を聞くだけでも話すだけでも、私のハートは喜んで歌います。

この偉大なマスターの聖ジャーメインは、七万年にわたってこの惑星のために自由の炎を掲げてきました。彼は畏敬の念を起こさせる最愛のマスターです。マスター・イエスが魚座の時代の偉大なマスターだったように、聖ジャーメインは次の二千年間、水瓶座の時代の偉大なマスターとなるべく、今、前に出ようとしています。彼はイエス／サナンダとテロスにいる私たちのレムリアの家族の他にも、この惑星と銀河、宇宙の霊的階層の全員からも、完全に支援されています。しばらく特定の任務に就いているマスターたちもいます。彼らはその後、別の地位に昇格しますが、それまでの地位はその水準に達したマスターたちが、新しい惑星レベルでの奉仕のために進んで訓練を受けて引き継ぎます。

グループ――聖ジャーメインはキャメロット（訳注11＝アーサー王の王国）の有名なマーリンとしても現われたのですか？

オレリア――ええ、そうです。キャメロットの時代には、イギリスでマーリンとして転生しました。マーリンは高貴な魔術師でした。魔術師と言ったのは、二流の手品師などではなく、錬金術を極めた偉大な人という意味です。残念なことに、マーリンは映画や文章の中で、彼のことを知らない人たちによって、たびたび怪しげな噂とともに魔法使いのように描写されてきました。それはマーリンの真の姿ではありません。マーリンは古今を通じて指折りの錬金術師です。そして聖ジャーメインはこの惑星の始まりより、この惑星に奉仕してきた偉大なマスターの一人です。

他のすべてのマスターたちが、彼が紫色の炎でこの惑星に貢献してきたことに対して大いに敬意を払っています。紫色の炎は救済や変容、自由のために最も重要な炎の一つです。それはまた、浄化する愛の炎にも似ています。かつて聖ジャーメインは「もし一日二十四時間、丸一カ月にわたって紫色の炎について語るとしても、この炎が持っている恩恵をすべて語りつくすことはできないだろう」と言いました。それではアダマの話を聞きましょう。

アダマ——最愛の友人たち、こんばんは。テロスのアダマです。今夜はいつものように、十二人のマスターから成る私のチームと一緒です。いま私たちにマスター・聖ジャーメインが加わっているので、たいへん嬉しく思っています。私はオレリアを通じて話していますが、聖ジャーメインのエネルギーが私に混ざっています。これは本当に私たちにとって栄誉なことです。なぜかというと、マスター・聖ジャーメインは内なる世界でとても深く愛され、偏《あまね》く全宇宙で非常に高く尊敬されているからです。惑星と人類のアセンションのエネルギーをもたらすために私たちは皆、協力しているので、彼はテロスで私たちとともに長時間を過ごしています。

今夜、私は第七光線について説明したいと思います。もし質問があったら、いつでも話の途中で聞いてください。そうすればもっと対話が進みます。

紫色の炎は、青い光線とピンクの光線が組み合わさったものです。単独の一つの光線ではありません。力の青い光と愛のピンクの光が組み合わされ、霊的な錬金術の驚くべき作用で、神聖な男性と女性のエネルギーが一つになります。紫色の炎の主な役割は変容で、錬金術の用語ではポジティブな変化をつくることを意味します。たとえば、紫色の炎を呼び出してワークすることによって、この人生や過去生からの膨大な量のカルマや、ふさわしくないエネルギーを変容させることができます。ひとたびエネルギーが変容されれば、もはや現在の人生でそういったエネルギーを扱う必要がなくなります。あなたが愛情を込めて意図的に紫色の火の属性を呼び出すとき、そのエネルギーは単に愛と喜びの中へ消えて許されるからです。あなたがハートの愛と火とともにそのエネルギーとワークすると、紫色の光線のエネルギーはあなたのエネルギー・フィールドの中だけでなく、意識と潜在意識、無意識のマインドからもバランスの崩れたエネルギーを消して溶かします。紫色の炎はあなたの人生のさまざまな状況を癒すことができます。

経験したことやつくられたエネルギー・パターンをいったん完全に理解すると、紫色の炎はカルマを解消することができます。紫色の炎は力と愛のエネルギーから成り立っているので、紫色の炎のエネルギーを使うと驚くべき美しさをつくることもできます。また紫色の光線は許しと慈愛の炎も含んでいるので、人生に調和をつくり出して現実化することにも深く関わっています。

そのうえ紫色の光線には慰め・外交・儀式のような他の属性もあります。これらはすべて第七光線の働きです。あなたの気分が良くなるときにはいつでも、たとえどんな形をとるとしても、第七光線の活動をしています。私たちは紫色の炎を自由の愛の炎とも呼びます。どのような種類の自由のことを言っていると思いますか？　霊的自由のことです。あなたが霊的自由を得るとき、制限がなくなって神性のすべての属性が自由に使えます。皆さん全員が切望している自由とは、ただ一つのことに対する自由ではありません。すべてが自由ということです。紫色の炎は霊的な発達と進化のために欠かせない道具です。

オレリア――霊的な目覚めのプロセスというのは、正確にはどういうことですか？　私たちが自分と人生を癒すためには、紫色の炎をどのように使いはじめることができますか？

アダマ――第七光線の性質を理解してください。それは物の浄化と人生のエネルギーの浄化を助けることです。建設的かつ効果的に、紫色の光線を使う方法がたくさんあります。あなたは祈りや呼び出すことによって、その光を使うことができます。また、瞑想のときに視覚化して、あなたの存在のあらゆる面にこのエネルギーを注ぎ込むように意図することもできます。

あなたは体のすべての細胞・原子・電子の中にその炎を吸い込むことができます。オーリック・フィールド（訳注7＝生体の周囲に広がる電磁場）の中のすべての考えと感情を浄化することもできます。創造的になって、自分自身の祈りやその炎を呼び出す言葉を書きはじめてください。自分のハートの火から言葉が生まれるとき、その言葉は他の人によって書かれたものより、もっと強力です。他の人によって書かれた祈りは、書いた人にいちばん合っているものです。日々、あなたの言葉でワークして、あなたの生活に愛の奇跡を起こしはじめてください。

紫色の炎の祈願文

一つの例です。「私の存在である〈我れなるもの〉の名において、神の名において、太陽神経叢と全部のチャクラにおけるすべての考えと感情を浄化するために、私は今、変容と慈愛と許しの紫色の炎をオーリック・フィールドに呼び起こします。私は紫色の火が、過去と現在の誤解から生じたエネルギー・フィールド内の歪みを残らず癒すために、今、そして日々の生活で一日二十四時間、毎日私の四つの体のすべての細胞・原子・電子に浸透するように依頼します。私は紫色の火のエネルギーに肉体・感情体・精神体の全部の歪みを癒しはじめることを依頼します。深く感謝しながら、私は今、紫色の火が私のエネルギー・フィールド内で活発に燃え盛るように依頼します。そして、そうなされました」

あなたはこのような祈願文を使うことも、また自分自身で作ることもできます。静かに座りながら、言葉を述べて、紫色の炎を視覚化して吸い込んでください。意識的に呼吸を続けることによって、オーリック・フィールドの中に紫色の炎を、確実に創造的にもたらします。それから、紫色の炎にその日一日中、燃えつづけるように頼むことができます。そうすれば、あなたが日常で他の活動をしている間、炎はあなたのために燃えつづけるでしょう。あなたが調和の中にとどまっているかぎり、炎は途切れず燃えています。たとえいつ、どの神の炎を呼び出して燃えつづけるように頼んでも、調和が乱れたと感じるときにその炎は途切れます。あなたが自分自身の内部で平和を取り戻し、その炎をもう一度呼び出すまで、その波動は炎の活動を止めています。あなたの思考と感情の調和が保たれるかぎり、炎は燃えつづけるでしょう。もし調和が乱れたら、感情的にバランスを取り戻すために、再びその炎に呼びかけてください。

あなたがその炎を視覚化すればするほど、そして瞑想の中でその炎とともにハートの中に長くいればいるほど、炎はますます活発になります。前世紀に啓示が与えられた時期があります。その当時の人びとにはあまり瞑想をする気がなかったので、私たちは一連の言葉を公式化しました。多くの人が毎日、ときには何時間も紫色の炎や他の光線の炎を呼び出せるようにするためです。残念なことに、多くの人にとってはこのような祈願文は精神的な儀式となってしまいました。ハートからの熱意で、祈願文に取り組まなかったからです。

これらの人びとは善良で誠実でしたが、ハートがすべての熱意を掻き集めても、また愛の錬金術をつくるのに必要な時間をかけても、祈願文の一つを一回唱えるのが精一杯でした。あなたが呼び出す言葉か祈りをつくるときは、そのエネルギーをハートの中で十分に感じるようにして、愛で満たしてください。それから、そのエネルギーに完全な仕事をさせてください。

前世紀には、何年間もひたすら毎日、紫色の炎を呼び出してアセンションを遂げた人たちが何千人といます。彼らは何を変容しているかということを本当に知ることは一度もありませんでした。しかし、強い愛と熱意をもってハートの中で炎を呼び出しました。彼らは影の部分を残らず意識に浮上させて、それらを決して判断せずに、そのエネルギーを紫色の火に浸すことによってゆだねました。これらの親愛なる魂たちは、皆さんがこの時期に持っている道具と情報を一つも入手することはありませんでした。彼らが次元上昇できたのは、人間として最期に息を引き取るまで、常に変わらぬ信念を持ちつづけたからです。このように少しずつ進むことによって、彼らは徐々に、過去や現在の人生からの多くのネガティブなエネルギーを、残らず純粋な黄金の液体状の光に変えました。彼らはベールの向こう側へ渡ると、ただちに栄光のアセンションを遂げました。今日、彼らは光の衣で身を包み、私たちと一緒に五次元の栄光をすべて楽しんでいます。

オレリア――何が変化しはじめているかについて、意識している必要がありますか？

アダマ――必ずしも必要ではありません。知っている方がいい場合もありますが、あなたが愛を注いでいるかぎりは必ずしも必要ではありません。常に愛と許しと慈愛を、何かより良いことに変える状況へ注ぐことが必要です。ネガティブな状況をポジティブなものへと変えることによって、またそれらのエネルギーがあなたに教えようとしている叡智を得ることによって、状況は良い方向に変化します。もし誰かと問題があるなら、紫色の炎の波を次々とその人に送ってください。あなたが愛と慈愛、許し、状況への祝福という波を送ると、その状況は同じままではいられなくなります。宇宙の法則は、愛と祝福を受け取るものがたとえ何であっても、解決することを要求します。

祝福することもまた第七光線の一つの活動で、変容の一形態です。

人生の中で、神聖な完全性に至らずに現実化するすべてのことを祝福しはじめると、あなたはネガティブに見える状況をはるかにポジティブなものへと変えはじめます。あなたは神聖な解決策をつくり、最終的に全員がお互いに有利な状況を現実化します。これが変容の内容です。それは、すべての人を勝者とする変化をつくります。

オレリア――配偶者との問題を抱えている人、あるいは上司や嫌な感じがする人に悪感情を抱えている人が、その状況を変えるか、癒すためにはどのように紫色の炎を使えばいいでしょうか？

アダマ――まず第一に、その結果に無関心でいなければなりません。もし変化や特定の結果を望むなら、たいがいボートに乗り遅れます。ですから、完全で神聖な解決を頼むほうが、いつも賢いのです。もし具体的な結果を望むのなら、「神聖な意志に従って、このことか、もっと良い何か」という言葉を祈りや意図に加えて、違う結果のためのスペースを与えることが大切です。あなたの大いなる自己はあなたから隠されている、より大きな状況を知っています。あなたの結婚が破局を迎えているとしましょう。そのとき、あなたは「なんてことだ！　祈りも捧げたし、紫色の炎もたくさん呼び出した。愛情ある思いやりに満ちた状態でいるために、そして愛と許しで解決するためにできることはすべてやった。それなのに、前より厳しい状況になったようだ」と言うかもしれません。

さて、よく考えてください。結婚の解消が失敗だったのか、霊的勝利だったのか、自分に聞いてください。最善を尽くしてきたのに状況が望んだ結果でないのなら、たぶん完了に達したカルマ的な関係だったのでしょう。おそらくあなたの大いなる自己は今、あなたの道と幸せのために、はるかに適切な何かに人生の扉を開く用意ができているのでしょう。その結婚は確実に霊的に成功したのであって、失敗ではありません。あなたが行った内なるワークの質がよかったので、もっと充実感のある何かへと向かう権利が獲得されたのです。失った感情や失敗の感覚はほんの一時的な人間の幻想にすぎません。

二年後、あなたは自分が素晴らしい、新しい関係にいるのに気づきます。その関係は以前よりもとても幸せで、はるかに親密で調和があります。あなたはそのとき、以前に呼び出した、あなたの人生にこの新しい道をつくった紫色の火のプールを覚えているでしょうか？　カルマの状況が解決する時というものがあり、それは先へ進む時です。ですからこんなふうに、あなたの祈りは応えられます。今、完了に到達した人間関係にとどまるのか、それともより良い何かを経験するのかは、あなたの「自由」です。もはや役に立たない状況を、何度も手放すことは重要なことです。神聖な解決策は、最初は必ずしも望んでいる形で現われるとはかぎりません。しかし、たとえどんなことがつくられるとしても、必ず霊的発達のためなので、いつも最高の結果をもたらすでしょう。紫色の炎はまた「奇跡を起こすもの」としても知られています。

あなたにとって問題のある人物、たとえば配偶者や隣人、上司、仕事場の誰か、親類縁者が、愛と変容の紫色の炎を浴びているところを視覚化してください。その人物が、その人自身の重荷から解放されて、潜在的な可能性に完全に目覚める自由を持っていることを認めてください。思いやりと許しをもって、そうしてください。他の人とのやりとりのすべてにおいて、外交の炎も使ってください。このようなことが第七光線の働きのすべてです。もしあなたが多くの属性のすべてで第七光線を使いはじめて、神聖な意志として最善の結果を求める以外に、あなた自身の予定表を何も持たなければ、自分とまわりの人の生活に現われ得る数々の奇跡に驚くでしょう。これが地上に平和をつくる方法です。

オレリア――多くの人は、自分のやり方で叶えたいと望んでいるので、自分の予定表を難しくするものを見つけたくないようですね。

アダマ――大部分の人が望むことの結末に気をとられてしまうので、手放すために、そして内なる神に完全なワークをさせるために解放しなければならないことを見失いがちです。神のさまざまな炎のすべては神聖な知性や意識を含んでいます。より大きな視点から見るので、炎はあなたにとっていちばん良いことを知っています。それぞれの炎には守護者たちが存在しています。誇張ではなく何十万人、あるいは何百万人のマスターたちがそれぞれの炎と働いています。

あなたが自分のやり方でと望むと、こんな感じになります。「神さま、私はこれを望みますが、たとえそれが最終的に私の最善ではなくても、私のやり方でお願いします」。もしあなたがそう主張するなら、そうなっても驚かないでください。神はいつでも、あなたのハートが望むものをあなたに与えたいと思っています。あなたも、これは本当はもともと必要だったものではないとすぐに気がつくかもしれません。これらの炎は、あなたの人生に最も素晴らしい結果を生み出したいと思っているのですが、もしあなたが自分のやり方を通すと決めると、たいていあなたのやり方で現実化されるでしょう。あなたが自分のやり方を通すと固く決意するとき、宇宙はたいていそれをあなたに与えるでしょう。ひょっとしたら数カ月か数年後に、あなたはもっと良いことに乗り遅れたことに気がつくかもしれません。

私たちは、この惑星上でいつでもこのようなことが起こっているのを見ています。人びとは自分の主観的な予定表を手放し、大いなる自己の知恵に従うことをとても恐れています。神を信頼することを恐れ、マスターたちをも信頼していません。高次の知性を信頼する代わりに、神性から外れた自我《エゴ》を信頼することにあまりにも馴染むようになってしまいました。

思い出してください。信頼の欠如とは、人類の意識が最初に低下したエネルギーでした。そして皆さんが信頼することなく経験したすべてのことは、実際にとても苦しいものでした。地球上にあるものを常に容認して存在するどころか、常に支配する必要性は、不調和を山のようにつくり出してきました。「あなた」の高次の面は、あなたを完全に愛し、あなたの幸せだけを求めていて、あなたを悟りと主権性へ連れ戻したいと願っています。「あなた」の高次の面は、通過儀礼や「万物への扉」を広く開けるであろう環境を、人生にもたらす方法を正確に知っています。しかし、あなたは自分の道から恐れという巨石を取り除くことを常に抵抗してきたので、目隠しをつくってしまいました。そのせいで、最初から利用可能だった素晴らしい入り口に気がつきませんでした。我が最愛の友よ、たとえあなたが多くの魂の闇夜をくぐり抜けなければならないとしても、神聖な意志にゆだねてください。恐れを手放し、プロセスを信頼してください。

人びとは自分でつくり出した闇夜を経験することを恐れています。まず第一に人びとを困らせたことは、次のような信頼の欠如でした。一日に三回食べ物を与えられることを、もはや神に任せたくないと考えました。その代わりに自分たちで食事を確保すると決めたとき、神とのつながりが弱くなりました。自分たちのスピリットの声を聞くのをやめたときに、自分たちを神性の流れから切り離しました。今、数千回も転生したあとでは、もはや神聖なスピリットと神聖な意志との融合を信頼せずに、ある種の恐れと欠乏の中に生きている人がほとんどです。今、外面的な状況にとらわれずに経験と受容によって、信頼のエネルギーを回復し、学び直すときです。意図と解放によってそのまますべてを受け入れてください。そうすれば、あなたがつくってきた「巨石」、すなわち「万物への扉」を遮るものが溶かされて、自由に足を踏み入れることができます。やがてあなたは故郷にいるでしょう。

オレリア——このことは、私たち全員のハートと魂に必要な癒しにとって肝心なことですか？

アダマ——その通りです。それに人類はもうすぐ、かなり大きなやり方で学びはじめようとしています。さまざまな出来事がこの惑星上で発生して、人びとは、多くの生涯の中でも最大の選択を何度もしなければならないでしょう。まもなく母なる地球は、彼女のからだの上で生じてきた分離に、もはや耐えられなくなるので、人びとは行いを改めるか、さもなければ出て行かねばならなくなるでしょう。この惑星の新しい世界の秩序は、皆さんの世界の指導者たちが計画していることとは違って、神なる自己と創造主との完全な合一の中での生活となります。すぐに神聖な秩序がここで回復するでしょう。

不公平や不正に見える出来事は、たいてい人びとの意識を反映する鏡です。必ず集合意識のエネルギーでつくられています。たとえば、あなたの国では多くの人が政府を好きではなくて、政治的な活動はたいへんネガティブなこととして考えられているために、どんな政治的な活動にも関わりたくないと思っています。次々と出る本やウエブサイトには、政府の間違いや腐敗のすべてが書かれています。

政府が芯まで腐敗しているというように、世間では言われています。たいていは真実ですが、政府は常に、その国民の「意識」の鏡であることを覚えておいてください。人びとが集合的に意識を高次の誠実さへと上げると、もはや現在のような政府を引きつけません。これは合衆国だけでなく、この惑星のほとんどの国にも当てはまることです。地殻変動の発生にも同じことが言えます。地殻変動は、集合意識によってつくられたバランスの崩れや毒性を自然が一掃する方法にすぎません。皆さんは地球に敬意を払っていません。彼女のからだを破壊し、ひどい公害をつくり、彼女の資源を無分別に使っています。そうすることによって、皆さん全員がバランスの崩れたエネルギーをたくさん蓄めています。そのようなエネルギーは、遅かれ早かれ、惑星上でよく起こる地殻変動によって解放され、一掃されなければなりません。

バランスをとるために地殻変動が起こるとき、紫色の炎の波が、次々と地殻変動を満たします。紫色の炎は神の火に満ちていて、浄化作用があります。戦いのあとで、莫大な量の個人的または惑星的なカルマが解消されます。もしいまだに皆さんの自由意志を支配しようとしている人たちの目を通してその真実を見るとしたら、はっきりとは見えないかもしれません。しかし、前よりは理解されるようになっています。確かに大勢の人が苦しんできましたが、その過程で個人的なカルマも解消されています。第二次世界大戦後には、とても多くのカルマが惑星上で解消されて、発展と新しいテクノロジーと、今日、享受している多くの楽なことへと道を開きました。多くの人にとっては人生はまだ困難かもしれませんが、以前の数千年間に比べれば、ずっと楽になっています。

オレリア――つまり、ごく個人的な人間関係の中で経験していることや、社会、文化、国として私たちが経験していることのすべてが、ただ単に自分と集合意識を反映するためにつくられた鏡ということですか？

アダマ――起こるすべてのことは、個人的であれ地球規模であれ、火山の噴火でも地震でも、都市のどこかでの暴動や戦争でも、必ず人びとの内側にあるバランスを崩したエネルギーか抑圧されたエネルギーを反映しています。人びとが魂の内部に持っている怒り、恐れ、欺瞞、強欲、人間の不正、悲しみなどを反映しています。そういったものはすべてが鏡です。人間のレベルで神性から外れていることを映し出しているにすぎません。

オレリア――ほとんどの人がどうやって自分の現実をつくっているのかを理解していません。もし自分で現実をつくれるとしたら、完璧な体や家、友達、豊かさ、お金などがつくれたらいいなあ、と言ってます。

アダマ――問題は、人びとが自分で現実をつくっていることを、まだ理解してきていないことです。そのうえ、彼らの創造はこの生涯だけから生じる必要はないのですが、「カルマ」や理解不足は、新しく完全なものが現実化される前に解消されなければなりません。人びとは瞬間ごとの考えや感情、そして言葉や行動によっても、さらに目覚めている間にマインドを占めている内的対話によっても、絶えず現実をつくっています。完璧な体が欲しい、結婚したい、などと言うかもしれませんが、ほとんどいつも心に抱いている思考や感情は、彼らの欲求を支えていません。どんな考えや感情を抱いてきたのか、自分たちの現実をつくっているときに、どんなにバランスが崩れていたのかを、瞬間ごとに誰かが彼らに教えるとしたら、健康や完璧な体や完全な人間関係や豊かさがない理由を理解するでしょう。

自分の考え、感情、言葉、行動を、本当に意識するようにならなければなりません。言葉にはとても強い力があり、あなたは絶えず感情のエネルギーを強化しています。しかし、まだ言葉がいつも感情に合っているわけではありません。あなたは、もっとお金が欲しい、と言うかもしれませんが、内面では、自分は貧乏だと感じています。もっと良い人間関係を望んでいますが、内面では自分はそれに値しないと感じているので、完璧な友達を引きつけるために、魂の庭から雑草を引き抜こうとする気がありません。あなたは「完璧な体が欲しい」と言いますが、内面では自分自身を愛していません。あなたは今のありのままの体を愛していませんし、現在の形態で学ぶべきことも受け入れていません。

体にできるのは愛に応えることだけです。ほとんどの人が、私たちがテロスでしているようには、自分の体を愛さず、世話もしていません。適切に、あるいはいつも自分と体を育むほど自分を愛している人はほとんどいません。大部分の人が体の若返りと完全な健康に必要な、適切な栄養を体に与えていません。それなのに、どうやって自分で完全な体をつくるつもりなのですか？　皆さんは自分が望まないことを絶えず繰り返し断言しています。

あなたは鏡の家に住んでいるので、宇宙はあなたが考え・感情・言葉を通してつくっていることを、そっくりそのままあなたに返します。「私は具合が悪くて、あれやこれやで疲れている」と宣言するとき、あなたはとても強力な確言を作っていて、口にしたばかりのエネルギーが自分に戻って来ます。あなたは絶え間なく望まないことについての確言を作っています。宇宙はあなたの言うことを聞いて、尊重することに気がついてください。「もし彼女／彼が、具合が悪くて疲れたと力強く言いつづけるなら、それはその人が望むことに違いない。それでは、その人にそれを与えましょう」。それで、あなたはいま言ったことと同じ状況を手に入れ、鏡は返しつづけます。

オレリア——さて、カルマのバランスをとるために紫色の炎を使うことに関してですが、私たちはカルマから、まだ学ばねばならないのは明らかです。もしカルマを取り除くために紫色の炎を使うだけだとすると、どうやってカルマから学ぶのですか？

アダマ——紫色の炎は単にそれを取り除くことはしません。そのようなことをしようとはしていません。

紫色の炎はバランスをとる手伝いをしますが、同時に学ぶべきことをもっと穏やかな方法で教えるでしょう。もし挑戦的な状況から何も学ばず、理解しようともしなければ、紫色の炎を使っても望んだ結果にはならないかもしれません。経験や叡智はカルマの究極的な真の意味です。その経験と叡智をあなたが得るのを妨げるために、炎が間違って使われることはあり得ません。

あなたは賢明な導きを受け入れることによって、穏やかな方法で学ぶことができます。しかしその方法と、とても困難な人生経験を通して同じ理解を得ることの間には大きな違いがあります。その違いが分かりますか？　紫色の炎は、とても愛のある穏やかなやり方で学べる場所を提供するので、あなたはもっと楽に優雅に、同じ価値ある学びを得ることができます。この時期にあなたが学ぶために選んでいる経験と同じくらい、苦しく困難である必要はありません。高次の楽なやり方を受け入れることへの抵抗があなたの人生を厳しくしています。

もう一つの紫色の炎の祈願文

これは、あなたのまわりの世界で紫色の炎を使う別の方法です。祈願文を明確に唱えるとよいでしょう。

「偉大なる我れなるものの名において、私は紫色の炎の守護者である最愛の聖ジャーメインを呼び出します。世界を紫色の火の波で満たしてください。この惑星上の男性と女性と子どもを保護し、目覚めさせるために、紫色の炎のオーリック・フィールドの中に人生のあらゆる部分と全員を吹き込んでください。私は完全性が回復するまで、この炎が燃えつづけるように依頼します。そして、そうなされました」

あなたは日々の祈りにこの言葉を唱えて、何百万という紫色の炎の天使たちに呼びかけることができます。天使たちは働きかけるために、あなたが意図するのをまさに待っているところです。世界中のすべての場所へ天使たちを送って、紫色の火で世界を満たしてください。ご存じのように、天使たちは皆さんの世界から呼ばれるまでは、皆さんの世界に介入することを許されていません。天使たちを送って、働かせてください。天使たちはあなたの要請に応えようと待っています。紫色の炎の天使たちは、文字通り紫色の火でこの惑星をあふれさせ、たくさんの苦痛を軽減させることができます。あなたの日常生活の中で紫色の炎の天使を使って、あなたの個人的な世界を紫色の炎のエネルギーであふれさせることを天使たちに依頼してください。巨大な火事が手に負えなくなって猛威を振るったとき、少数の人が山火事を鎮める紫色の炎を呼び出したおかげで、多くの山火事が止められてきました。

オレリア——この惑星上のすべての男性、女性、子どもに、その炎のエネルギーを送り、私たちのハートを使ってそのエネルギーを地球にあふれさせることが重要だと思うのですが。

アダマ——その通りです。それから動物、樹木、元素の精霊《エレメンタル》、自然霊、植物王国のことも忘れないでください。元素の精霊は惑星上でのバランスの維持を可能にするために、皆さんの愛と支援、紫色の炎を呼び出すことを頻繁に必要としています。過渡期である今においては、これまで以上に必要です。元素の精霊は、惑星が一オクターブ上に進化するのを援助しています。紫色の炎と人類から受け取る愛が多ければ多いほど、地球自身と地球上の全王国の変容はより順調に進みます。

オレリア――アダマ、テロスでは、テロスで経験している完全性を維持するために紫色の炎を使っていますか？

アダマ――もちろん、使っています。私たちは始終、紫色の炎のエネルギーを使っています。テロスのさまざまな神殿で、聖なる火のエネルギーは、聖職者たちとそして大勢のボランティアによって、ひっきりなしに呼び起こされています。中心となるマーラーの神殿では、主な聖なる炎のそれぞれに捧げられた場を設けています。住民は交代で、二十四時間体制で炎の世話をして炎を養います。私たちはそれらの炎を意識して暮らしているので、絶え間なくそれらの炎の完全なエネルギーを受け入れています。すなわち、私たちは活気を与えられることによって、このうえなく祝福されています。

テロスの外側には、レムリアのクリスタルの光の都市が複数存在する五次元の地域があります。そしてその地域には主要な聖なる炎のそれぞれに捧げられた神殿があります。これらの神殿は概してとても大きく、住民はやはり二十四時間体制で、愛と献身と祈願によって炎の世話をして炎を養っています。五次元の人口はとても多いので神殿の聖職者たちだけでなく、マスターや聖なる火の天使たちも交代で、これらの炎の性質と属性を世話して炎を呼び起こしています。この惑星と人類のため、そして彼らの住む五次元の完全さを維持・向上させるのに必要なエネルギーのためだけではありません。自分たちの生活のためにもそうしています。親愛なる皆さん、この種の儀式は、あらゆる次元でなされています。聖なる火の天使たちに、さまざまな聖歌隊からの天使たちも加わって、私たちが養っている多くの聖なる炎のすべてを支えています。このようにして高次元の暮らしをとても美しく、驚異的なものにしています。この活動もまた、レムリアとアトランティス、エジプト、それにかつての黄金時代と全文明で、全部の神殿に伝えられました。

まもなく地上で皆さん全員が同じようにこれらの炎を養い、広げはじめることが、とても重要になるでしょう。まずは自分自身の内側で始めて、それからこの惑星のためにそうするようになります。私たちは自分たちのためと、それ以外に皆さんのためにも、とても長い間こうしてきました。すぐに、次元上昇して五次元の存在になりたいと熱望しているすべての人が、霊的成熟度をもっと進化させることが必要になるでしょう。皆さんは、自分自身と人類とこの惑星のために、これらの炎に個人で貢献しはじめることも必要とされるでしょう。それは五次元に住む全員に要求されることです。もう、瞑想の準備はできていますか？

瞑想——テロスの「紫色の炎の神殿」への旅

ではハートに集中して、あなたの神聖な存在の素晴らしいエネルギーで満たされる、という意図や要望を述べてください。こんなふうに言ってもいいでしょう。「〈我れは我れなるもの〉の名において、私という存在である主なる神より、私は今、四つの体の細胞・原子・電子のすべてと、微細なエネルギー体(訳注6)のすべてと、意識の全次元と全状態における本当の私という生命の全粒子が、自由の愛である紫色の炎の驚異と奇跡のエネルギーで完全に満たされるよう依頼します。私は今、私の人生において毎日、一日二十四時間、何度も満たされることを要請します」。（そのエネルギーを吸い込みつづけてください）

テロスの内側に五次元の美しく驚異的な「紫色の炎の神殿」があります。あなたが紫色の炎のエネルギーで満たされていくとき、テロスの「紫色の炎の神殿」へ、大いなる自己と一緒に私たちと旅すると意図を設定してください。この神殿はエーテル状の五次元の物理的構造を持ち、私たち住民はいつでも神殿に出入りできます。あなたも光の体で神殿に行けます。この神殿の中で紫色の炎は永続的に燃えていて、人類とこの惑星を祝福し、すべての生命を祝福しています。その炎は私たちの一貫した愛と献身によって養われています。ここはマスター・聖ジャーメインが彼のツインフレーム（訳注12＝魂の異性の片割れ）のポーシャとともに、多くの時間を過ごしている場所です。そこに、あらゆる聖歌隊から紫色の炎の天使が来ています。彼は、紫色の炎の天使の大群と一緒に、この惑星のために驚異的な神の炎のエネルギーを充電し、その世話をしています。

できるだけたくさん、このエネルギーを呼吸しつづけてください。そうすると意識が完全に戻るときに、このエネルギーを肉体に持ち帰れます。

今、天井の高い、大きな円形の部屋の中に自分が立っているのを見てください。部屋中至るところで紫色の炎が燃えています。壁は純粋なアメシスト（紫水晶）から出来ていて、床も滑らかな手触りの明るい色のアメシストから出来ています。多数の紫がかった光がアメシストの壁を貫いて差し込んでいて、神秘的な星空を思わせます。その部屋はとても明るく輝いています。その部屋の中にはあらゆる大きさと形の噴水がたくさんあり、ありとあらゆる色合いの紫色を放ち、色と音が魅力的に戯れています。水の妖精たちがそれらのエネルギーととても楽しそうに遊んでいます。水の妖精たちがはしゃいで大喜びしているのを見てください。また、花の妖精たちもこの光のエネルギーで、金色、白色、紫色のあらゆる色合いの美しい花々をつくってゲームをしています。花の妖精たちがあなたに花を投げるのを見てください。そうやって彼らはあなたを祝福し、歓迎しています。彼らの喜びと至福にあずかるために参加してください。また、大勢の紫色の炎の天使たちが、彼らの愛と敬慕によって紫色の火を手入れしているところも見てください。

この愛の炎の偉大な火は熱くありません。基本的には冷たい方です。部屋の中には椅子がいくつかあります。あなたにとって最も快適な場所にあって惹かれる椅子を選んで座ってください。椅子は純粋な紫色のクリスタルで出来ています。椅子の下から、紫色の炎があなたに触れてあなたを包むように燃え上がります。炎が下から燃え上がるとき、下位のチャクラを通って、体のすべての部分に入って浸透していきます。また別の炎が上から降りてきて、クラウンチャクラを貫き、高位のチャクラのすべてから、あなたの体のすべての細胞に浸透します。

意識的にその炎をハートの中へ吸い込むにつれて、以前には決して経験したことがないような自由の紫色の炎で満たされていきます。紫色の炎の天使たちが一人ひとりを取り囲んでいます。彼らは愛のカップと紫色の火のカップから、あなたのエネルギー・フィールドと、人生の中で癒しが必要なさまざまな面に注いでいます。体験することは人それぞれに違うでしょう。そのエネルギーを吸い込みつづけてください。マスター・聖ジャーメインが今、レディー・ポーシャと慈悲と慈愛の女神であるレディー・クァン・イン（観音）と一緒にいるところを見てください。彼らは愛であなたを満たし、第七光線のエネルギーでもある慈愛の炎を、あなたのオーリック・フィールドに刷り込んでいます。

あなた自身の癒しとあなたが愛する人びとの癒しのために、今、あなた自身をより大きなレベルの慈愛へと開いてください。人生の中で癒しが必要だと感じることがたとえ何であっても、慈愛と許しのエネルギーを呼び出し、起こってほしい変化に任せてください。望むかぎり長く、その至福の状態にいてください。私たちや聖ジャーメインやクァン・インに話しかけて、自分自身を完全に癒して、現在と過去のトラウマを残らず癒すという意図を設定してください。この部屋は驚異的な癒しのエネルギーに満ちています。ですから、座ってそのエネルギーに浸るとき、あなたのフィールドのまわりや、あなたの内部にある暗いエネルギーの波を感じてください。たとえどこに問題やトラウマ、苦痛が存在していたとしても、そのエネルギーが浮上し、溶けはじめているのを感じてください。

密度が軽くなっていくのを感じはじめてください。どのくらい軽くなっていくか感じてください。喜びがあなたという存在に満ちていくときのこの軽さと感覚を感じてください。喜びをより大きく感じるにつれて、あなたの重荷が軽くなります。この軽さと美しさ、愛、力が、あらゆる方法であなたを慈しむのに任せてください。エネルギーを吸い込みつづけてください。紫色の炎にしてほしいことを、意識的に要請してください。時々、あなたの要請とそれを満たすことの間でプロセスをきれいにする必要が生じますが、あなたは勝利に向かって一歩一歩、取り組みはじめるでしょう。急かされていると感じないでください。必要なだけ時間をかけてください。

準備ができたと感じたら、あたりを見回すことができます。もし質問があれば、ガイドやマスター、天使たちが喜んで答えるでしょう。ところで天使たちは、とくに人類と一緒に働いている天使たちは、週に数回、ときには毎日、紫色の炎の波動で充電しにここへやって来ます。この惑星のバランスが崩れたエネルギーは、天使たちのフォース・フィールド（訳注13＝場）を汚すので、彼らは浄化し、活性化するためにここへ来ます。私たちは皆さんにも同じことをするように勧めます。望むかぎり長く、私たちとここにいてください。そして準備ができたと思ったら、完全に意識を戻してください。考えや感情や言葉によって、いま変容したばかりのエネルギーを生活の中で再現しないように気をつけてください。

いつでも望むときに、五次元のこの神殿へ戻ることをお勧めします。神殿の扉は今、あなたに向かって開かれています。必要とされる方法であなたを助けるために、マスター・聖ジャーメインはいつでもそこにいて、天使たちもあなたを迎え、愛する用意が常にできています。彼らは援助の手を差しのべることをとても喜んでいます。

テロスからの本日の私たちの話を締め括るに当たり、皆さん全員が心を開いてくださったことに敬意を表し、愛・勇気・知恵の祝福を送ります。また私たちは、親愛なる友の聖ジャーメインが、あとでこの情報を読むことになるすべての人のハートに、紫色の炎の波を送るときにも再び加わります。そして、そうなされました。

大きな力を行使することも、
偉人たちを理解することも必要ではない。
個人的にも惑星的にも
アセンションで必要なことは、
あなたのハートが真実に目覚めることだけ。
——アダマ

第8章　死と呼ばれる魂の移行と大切な人を失うことについて

オレリア

まもなくこの惑星上で、とても多くの変化があるでしょう。そして、とても多くの魂がこの時期に肉体的な転生から去ることを、魂のレベルで意識的に選択してきました。そのために、多くの人が一人かそれ以上の大切な人の肉体的な移行に直面するでしょう。この時期の移行を選んできた人たちは、進化における魂の道のために、皆さんとは違う選択をしてきました。ですから、私は違う観点から「死」と呼ばれる魂の移行を見はじめることをお勧めしたいと思います。

皆さん全員がよくご存じのように「死」というようなものは存在しません。もちろん、人間としての経験で、肉体を持つ状態から死として認識されている別の状態への魂の移行は存在しています。しかし究極的には、これは魂にとってただの移行にすぎません。移行はほとんどいつも喜びや解放、自由のときで、また自分の他の面と再び一つになるときでもあります。解放と反転と新しい始まりのときであって、決して大惨事ではありません。このことをいったん完全に理解したら、あなたはしばらく悲しみに浸ることにするでしょう。というのは、悲しむことは旅立った人たちのエネルギーを敬う方法だからです。でも、決して二度と旅立った人を気の毒だとは思わなくなります。大切な人の選択に十分、心やすらかでいられますし、そのことを完全に認めて受け入れることができます。この転生で彼らと共有した時間に感謝するでしょう。さらに、別れが三次元のマインドの幻想にすぎないと内心で十分によく分かり、彼らが新しい経験へ向かっていることを心から祝福するでしょう。内なる世界でいつでも大切な人たちと再会できて、一緒にいられて、彼らとの絆は永遠に失われないことが確かだと分かるでしょう。

ある転生でとても深く愛し合う者同士は、たいていはるか遠い昔からお互いを知っていて、愛し合ったことがあり、お互いの他の人生のときにも転生したことがあります。皆さんは何度もお互いの肉体的な喪失を経験し、そして何度も、再びお互いを見つけて友人や家族として生きてきました。

時々、移行すなわち死は偶然に起こるように見えます。あるいは犯罪や戦争、皆さんが悲劇と呼ぶ自然の出来事が原因となって起こるように見えることがあります。すべての移行は、それがたとえどんな形をとっても、別の次元にいる魂によって計画されています。これらの選択にはさまざまな理由があり、魂の道やカルマの責任のバランスをとることに応じて、ベールの向こう側から去り逝く人の魂が進んで選んでいます。魂のレベルでは、移行期間は去り逝く人の魂にとって概してとても興奮するときです。彼または彼女は「生命」と呼ばれる偉大な旅への新しい経験と冒険へ向かうのが待ちきれません。

私のよく知っている女性で、自動車事故でたった一人のご子息を失った人がいます。彼女は息子さんを亡くしたことに完全に打ちのめされ、感情のバランスがとれた普通の状態に戻れませんでした。とうとう、そのような悲劇が彼女の人生に起こった理由を解明するために、アダマをチャネルしてほしいと私に頼みました。彼女はこの出来事をとても不当なことと見なして、息子の死に責任があると思われる人を起訴したいと望んでいました。

次の内容はアダマが私を通して彼女に答えたものです。この回答が大いに彼女の心を慰め、癒したことも皆さんにお伝えしておきます。アダマの回答を読むことによって、その後、彼女はかなり素早く、ほとんどの苦痛と悲しみを解放することができました。彼女は新たに喜びと希望をもって、再び人生を見ることができるようになりました。息子さんがベールの向こう側で幸せに生きていて、以前よりも彼女を愛していて、彼の魂が次にやりたかったことを行っていると分かったからです。

皆さん全員が「死」と呼ぶ移行のプロセスをもっと深く理解することが重要だと感じます。遅かれ早かれ、多くの人が自分かまわりの誰かの人生で、似たような状況に遭うだろうと分かっているからです。ハートと魂の中でこのことを完全に理解して受け入れている人たちは、自分の人生で似たような状況に直面したときに、真のマスターとしての状態で自分を慰めることができるでしょう。また、肉体の移行について、そのような悟った理解という恩寵をまだ受け入れていないまわりの人たちを慰めることもできるでしょう。私の話はここまでです。

テロスの自宅よりアダマの回答

親愛なるレムリアの妹よ。

あなたの兄であり友であるアダマです。今日、あなたとハートを通じてお話しすることを嬉しく思います。私のハートをあなたに開くので、あなたもハートを私に開いて、さらにあなたという存在の真実にも開いてください。

かけがえのない息子さんを失ったことに関する、あなたの深い悲しみと痛みを感じます。子どもを亡くした母親のハートが嘆き悲しむことは自然な反応です。どうか、その痛みと悲しみを自分に感じさせてください。それは大切なことです。なぜなら痛みを否認する、または抑えることは、肉体的にも霊的にも健全ではないからです。時が経って準備ができたときには、その痛みを解放して喜びへと気持ちを切り替えることがさらに大切です。生命は決して終わらないので、すべての人は人生を続けなければなりません。

親愛なる妹よ、あなたは開かれた美しいハートを持っています。かけがえのない息子さんを失った痛みは、あなたのハートをより大きく広げることを促しています。愛しい者よ、分かりますね、死などというものは存在しません。それは三次元の知覚による幻想です。もし、あなたがベールを超えて知覚できれば、息子さんが以前よりも大きな気づきをもって、幸せに生きていることが分かるでしょう。彼は、肉体という表現形態の中にいたときには、あなたに対して至らなかった点がありましたが、今はその点について理解する能力があります。さらに、かつての地上の人生のときより、あなたとあなたのハートの近くに来る許可を与えられてきました。彼は今、あなたが彼に抱いていた深い真実の愛に完全に気がついていて、彼自身のハートは以前よりかなり大きく開いています。彼はまた、しようと思えばできたのに、あなたが期待したようにはあなたの愛に報いなかったことを理解しています。そのためベールの向こう側で、次の転生で学びたい内容をかなり真剣に再検討しています。

あなたは進化の過程でこの惑星上に何千回と転生を重ねてきて、子どもも何千人と持ちました。あなたはその大勢と一緒に転生を繰り返してきて、そして本当に、ハートのつながりのある人たちと長く離れていたことはありません。息子さんとは何度も一緒だったことがあり、これからも、とくに次元間のベールがとても薄くなっていくと、また一緒になるでしょう。ベールが完全に上がるこれから数年後には、皆さん全員が大切な人たちと再び対面するでしょう。あなたがアセンションを目指すと、あまり遠くない将来で、ある日、物理的世界を旅立った大切な人たち全員と顔を合わせて一緒にいることに気がつきます。あなたは大喜びするでしょう。あなたは肉体を去らなくても、再び明らかに彼らと一緒にいるでしょう。この大再会がつくるであろう壮大な光景と恍惚感を想像できますか！　我が友よ、それも計画の一部です。愛と希望の火を燃やしつづけてください。

あなたのまわりに息子さんがいるのを感じてください。そして彼が今あなたに向けている愛を感じてください。彼は、肉体にいる間に理解が足りなかったことを、移行してから新たに多く理解しています。息子さんはいつもあなたのそばにいるために、そしてあなたの進化の次の段階で、あなたのガイドとなるために、光のカルマ理事評議会へ許可を申請しました。

私、アダマは、悲劇の気持ちを手放すことをあなたに依頼します。あなたの息子さんに関するかぎり、遭遇した事故は見かけとは違って運命が働いたものです。彼に衝突した男性は、合意によってカルマを解消するためのきっかけをつくりました。現在の転生を終わらせて次のレベルへ進むことを、内なる世界で息子さんの魂が選択していなかったら、その事故は起きなかったことを理解してください。根本的に、事故は存在せず、ただ進化の手段として魂が選択した結果です。

息子さんは魂のレベルでは、あなたが選んだようなアセンションのプロセスに進む時期ではありませんでした。問題点が多くありすぎて、それらは違う角度から扱われる必要がありました。去ったばかりのその転生で対処しようとしても、彼には極めて難しかったということを理解してください。息子さんはこの時期に体を手放す選択をしたからこそ、今、とても多くの知恵と理解をもって、次の転生に向けて目標と運命を準備する機会を持っています。彼はこの惑星に恵みを与え、他人を助けるために「新しい世界」の驚くべき子どもとして、数年後に戻って来るでしょう。次の転生では、彼の夢を自覚するために、もっと良い感情を備えてきます。彼はこの時期に転生を続けるより、はるかに楽に、魂の予定する目標を達成することができるでしょう。

もし彼がこの人生にとどまっていたら、この時期に痛みと困難と過酷な運命に出合わなければならなかったことでしょう。しかし今、去る選択をしたことによって、次の人生では、それらをまったく持たずに次元上昇することができます。そのうえ、あなたが彼を深く愛しつづけてきたことによって、あなたは彼が次の転生でこの特別な免除を受け取るのを大いに助けてきました。あなたは彼が肉体にいる間、彼に無条件に愛を与えてきました。彼はその愛にたいへん感謝しています。

息子さんは、この絶えることのない愛のために、あなたを尊敬していることを知ってください。彼はあなたの帰郷のために、あなたに道を用意して手助けしています。あなたは息子さんをたいへん愛しているので、ためらわずに、息子さんが次の段階へ進むのを選んだことをいま認めてください。私たちの観点からも、魂の予定表の観点からも、この転生を去ることは、彼にとって時宜にかなったポジティブな選択でした。彼はあなたをとても愛していて、あなたが幸せで喜んでいるのを見たいと心より思っています。彼はあなたに悲しみを否認してほしいとは思っていませんが、この時期に彼に起こり得た最善のこととして、彼の出発を受け止めてほしいと願っています。

彼はちょうど今、あなたにこう言っています。「ママ、僕は今も元気で、前より爽快な気分だ。ここでの生活はとても素晴らしい。今、物理的で触れるかたちでの再会に備えているところなんだ。顔を合わせて会えるのはそんなに先ではないから、僕を失ったのではないと分かるよ。物理的な生活で僕がいないように見える間、時間をとって、もっと自分を愛して、ママの本来の姿である愛そのものになってほしい。それから元気を出して楽しんでね」。これは、あなたの次のテストであり宿題です。

息子さんはあなたに「死」と呼ばれる人生の経験のまわりにある信念体系を、以前よりもよく考えてほしいと願っています。またこの出来事は、次の世界への移行の結果として、真我の内側で意識が新しく飛躍する好機でもあります。自分自身に尋ねてください。死などというものが存在するのか、それとも肉体的経験から、より大きな現実への移行にすぎないのか？　私の息子は本当に私のものか、それとも他のすべての魂がここや他の至るところで進化しているように、彼も神のものなのか？　彼の母親としての私の役割は、最初は、この魂がしばらく地上で転生の経験をすることを後援することで、そしてそのことによって、私たちは永遠に続く愛の絆をつくってきたのか？　本当に息子は死んだのか、それとも別の意識の世界で生きていて、かつてより元気いっぱいなのか？　私たちの別れは永遠のものか、それともただの一時的な幻想か？　私は自分の神聖な存在の愛と抱擁の中で生きつづけることを選んで、地上で物理的に息子がいなくても、再び人生を本当に楽しめるのだろうか？　それとも悲しむのをやめようとしないで、長期間にわたって嘆き悲しむことを選ぶのだろうか？

最愛の妹よ。私はあなたのハートを知っているので、私の愛をあなたにとても深く広げます。私、アダマからの平和の贈り物を受け取って、喜びへと移ってください。息子さんの肉体の死については、突然、まったく新しい、幸せな蝶になる毛虫として考えてください。あなた自身が蝶になってください。そうすればすぐに、あなた方二人は神の楽園で一緒に遊び、飛び跳ね、笑い合えるでしょう。

私はアダマ、皆さんの父親です。

第Ⅱ部　テロスのさまざまな存在からのメッセージ

あなたのハートで
魂の呼びかけを聴きなさい。
そうすれば、あなたが
人生を経験している
本当の目的が分かるだろう。

——アダマ

第9章　同胞兄弟のオークと同胞姉妹の薔薇

アンダルとビリカム

母なる地球の内部と地上にいる兄弟姉妹へ挨拶と祝福を送ります！

私たちは同胞兄弟のオークのアンダルと同胞姉妹の薔薇のビリカムです。皆さんがこの惑星上の別の王国についてほとんど知らないので、私たちは今日、皆さんの意識を広げるために、私たち種族の使者として来ています。実は私たちは、皆さんの意識が拡大して愛の周波数を受け入れるにつれて、皆さんがこの惑星上でさらに多くの他の王国を発見することに気がついています。やがて皆さんが、その存在を知らなかった他の王国を発見すると、皆さんのハートに大きな喜びと新しい歌がもたらされるでしょう。

オークと薔薇の同胞は一緒に、一つのとても大きな家族として、この惑星とクリスタル王国（石と鉱物を含む）の両方を代表するエネルギーの集まりを構成しています。私たちは探検家という種族です。言うなれば、これらの王国で発見されるであろうエネルギーと美しさの完全な輝きを調査し、蓄え、分配してきた存在です。

私たちは何千年もの間にわたって任務を遂行してきて、レムリアの時代からこの惑星の歴史において積極的な役割を果たしてきました。私たちはレムリア以前から存在していますが、レムリアのハートが目覚める前には、そのような貢献をしているとはまったく気がつきませんでした。皆さんが想像する、レムリアの私たちのいとこたちよりも、私たちの方が背が低いと思われるでしょうが、私たちのエネルギーの固有サインはとても長いものです。もし、皆さんの領域で私たちを見ることになるとしたら、私たち同胞兄弟のオークは大衆文学に出て来る「ホビット」（訳注14＝〈指輪物語〉J・R・R・トールキン著に登場する小人の種族）に、かなり似ているでしょう。そして私たち同胞姉妹の薔薇は、デッサンに描かれている妖精のように見えるでしょう。

しかしエーテル界では、同胞兄弟のオークは極めて強力なエネルギーを発する、とても背の高い、きらめく緑色の存在のように見えます。そのエネルギーは、あなたの第三チャクラ（太陽神経叢のチャクラ）につながって、そこから下位のチャクラを通って、地球そのものへと流れていきます。同胞姉妹の薔薇は、脈動するローズピンク色のエネルギーのボールのように見えます。そのエネルギーは、あなたのハートのチャクラにつながって、神聖な源とつながるために、第七チャクラへと上っていきます。

地上に住む人間が、私たちの存在する自然の領域へ旅するときには、私たちオークと薔薇の同胞は、いつでも一緒に人間のエネルギーを育みます。

このような旅は、物質界かエーテル界で起こることがあります。皆さんから一緒にいてほしいと呼ばれれば、私たちはいつでも皆さんの肉体とエーテル体に、この惑星とクリスタル王国の輝きを吹き込みます。私たちとつながって交流するためには、ただ意図して、私たちをあなたのエネルギーの中に招いてください。そうすれば私たちは、あなたの現在のエネルギー状態のサンプルを取って、あなたのエネルギー・フィールドの中でバランスが必要なエネルギーを送り返します。あなたの環境内にクリスタルがあるかもしれませんが、どのクリスタルの意識とも私たちは密接に働いています。もちろん、あなたのまわりの植物や木々のエネルギーとも同様です。

私たちは、この惑星上の植物とクリスタルの各種が完全に輝くために、さまざまな形態と方法論について探究し、目録を作り、理解し、創造しながらこの惑星で過ごしてきました。それぞれの種は、植物群であれ動物群であれ、岩であろうとエーテル体であろうと、その種に特有の色、特有の輝きの範囲、特有の光線の波動を持っています。またそれらの特徴には、たとえば、あなたが多品種の薔薇の中を歩いて行くと分かるように、種ごとの多様性もあります。私たちはこういったことをすべて探求し、経験してきたので、そのすべてを記憶し、全品質を蓄えてきました。実質的に私たちは植物とクリスタルの王国の、生きて呼吸している図書館を代表しています。

この点で私たちは地球内部のすべての存在全員と密接に働いて、地球内部の環境のバランスをとり、調和させて、彼らの活力を維持してきました。また、私たちのエネルギーと調和することができて、そうする意志のある地上のすべての人とも働いています。最近では、エドワード・バッチという人の名前がよく知られています。エーテル界での私たちとの交流が、彼のフラワーエッセンスの仕事を導きました。英国にある彼の庭と森で、彼は植物王国の輝きである私たちをよく呼び出しました。

他にも多くの人が、彼のエッセンスのレパートリーを増やしつづけてきました。それらは惑星エネルギーの再現と地上の住民の援助に欠かせないものです。エッセンスの体験やワークを望むなら、誰でもエッセンスのエネルギーに保たれている知識を入手できます。皆さんは私たちにつながるだけで、私たちの情報を受け取れます。実は、そのエッセンスかエネルギーの名前をただ呼ぶだけで、いつでもそのエネルギーが皆さんに引きつけられます。クリスタルと鉱物の王国のエネルギーとエッセンスについても同じことが言えます。

私たちは地球内部の守護者たちと一緒に働き、地上の進化に不可分な要素だった崩壊から、これらの波動を守るために存在してきました。私たちのそれぞれが、特定の波動のための貯蔵庫です。私たちはこの波動を生まれたときから保ち、この領域から移行するときにはその波動を別の存在へ渡します。

私たちは惑星上の至るところに存在しています。また、地球の意識の初めから存在してきた、地球内部の社会のネットワークの一部でもあります。

私たちはこれらの他のすべての社会とつながっていて、それらを探究したい人たち全員のために情報と経験、波動の印象から成る仮想大学を形成しています。

私たちはだいたい、皆さんの次元をほんの少し超えたところで生きています。私たちは、いわば皆さんの視界のちょうど外側にいるのですが、三次元が四次元へと通過しているので、すでに別の次元が見える人たちには簡単に見ることができます。私たちは比較的容易に波動を下げて、皆さんの次元の中で皆さんの前に現われることができますが、いつもはそうすることを選びません。なぜかというと、私たちはむしろ皆さんの波動を上げさせる任務部隊に属しているからです。もし四次元／五次元の私たち全員が、現在の皆さんの前に現われるとしたら、皆さんには現在の次元を超える動機がなくなるでしょう。私たちは基本的に、やる気を起こさせるために、皆さんに報酬をちらつかせます。そして、それぞれの人が自分の波動を上げるために必要なステップを踏んで、私たちの次元かそれ以上のところで私たちに合流することを依頼します。

地球自身も私たちと密接に携わるという同じ道を歩んできました。そうして、彼女は自分と人類を次のレベルへ、そして最終的には完全に次元上昇した状態へと向上させるために、力の限りを尽くしています。この畏敬すべき彼女の旅を援助するという同じ目標のために、皆が協力するのはとても重要なことです。

いつでも呼びたいときに、私たちに呼びかけてください。

どの花でもどの木でも、そのエネルギーを呼び入れることができるので、その固有サインを持つ同胞兄弟に、あなたのところへ現われるように頼んでください。どのクリスタルのエネルギーにも、同じことが言えます。ただ、そのエネルギーを呼び入れて、そのエネルギーを持つ同胞姉妹にあなたのところへ現われるように頼んでください。あなたの受け取れる度合いによって、それはエーテル界で起こるかもしれませんし、物質界で起こるかもしれません。しかし、つながりがそこにあることを確信してください。フラワーエッセンスやクリスタルエッセンスの使用もまた、あなたがこのつながりをつくることを助けるでしょう。というのは、それらのエッセンスは、受信するために認識可能な固有サインを肉体に与えるからです。

また私たちは現在、地上の子ども一人ひとりのDNAの内部に、このような波動を保つ特徴を与えてきました。「クリスタル・チルドレン」がいま転生しはじめていて、これらの波動を保っています。実は、子どもたちの一人ひとりは特定のクリスタルの波動を保持しています。転生したすべての人のDNAの中に、クリスタル王国の完全な輝きが存在するまで、あとに続く世代も、このエネルギーのさまざまな面を吹き込まれつづけるでしょう。もうすぐ地上の住民は、バランスのとれた地球の意識を保つ、生きているクリスタルのエネルギーの母体となるでしょう。

「ローズ・チルドレン」はDNAの内部に、地球の愛の純粋な本質を携えている子どもたちです。この世代の子どもたちもすでに地上に転生しはじめています。彼らは地球の感情体を癒して、彼女の神聖な起源についての真実を、地球に再び授けるために来ています。この癒しによって、皆さんがとても切望してきた地上の楽園への帰還が現実のものとなるでしょう。しばらくするとここに転生するすべての人が、これらの波動のすべての完全な輝きを持って来るので、この惑星上での私たちの貢献は終わるでしょう。

地球内部の住民は、彼らの内部にこのようなエネルギーを長いあいだ保持してきました。こうして、輝かしく楽しく豊かな生態系のクリスタル構造の創造と現実化と、彼らの全環境でのバランスのとれたエネルギーの創造と現実化に備えています。これが、これらのエネルギーが完全に体現され、理解されるときに、地上の世界を変える人の典型です。なぜかというと、クリスタルの真の性質は吸収することと保つことで、すなわち、神聖な源のエネルギーに最も忠実な表現を生み出すことだからです。ハートの真の性質は条件なしに、愛するものをつくることと、つくるものを愛することです。

地球内部に住む皆さんの兄弟姉妹が皆さんの波動を、もっと完全な波動に近づけようと努力しているので、私たちは皆さんの目覚めのために協力して、とびきり上等な道具を提供しています。

現在のテロス市民と私たちは、同僚という間柄です。私たちは地上の波動を調和することによって、ここでテロス市民を援助しています。近い将来、テロス市民が出現して、シャスタ山付近やこの惑星中に住んでいる、転生した大勢のレムリア人と合流できるようにするためです。

私たちの援助の一つは、テロスからシャスタ山へ発するグリッドに特定のエネルギーを加えることです。このグリッドは、アダマによって管理されています。自分の完全なキリストたる臨在を体現する用意のできた、シャスタ山付近とこの惑星のすべての地域に住む人たち全員のために、エネルギーを再び開けるのを手助けするためです。

このグリッドのエネルギーには、多くの構成要素と異なった多くのレベルがあります。多種多様な存在が、アダマがこのグリッドを最大限に伝達できるように、この仕事に就いています。グリッドそのものは多次元的で、実はテロス市民までがその一部なので、グリッドのエネルギーによって彼ら自身も変化します。私たちは皆、より大きな目的の一部です。また、この時期にはこの惑星上で、多くのやり方でエネルギーが調和されはじめていますが、このグリッドもそのうちの一つです。

アダマとテロスにいる彼のチームは、高次のエネルギーの生命力を使ってこのグリッドを育成しています。その高次のエネルギーの生命力は地上の密度の濃い次元を貫くために必要なものです。アダマたちは多様な植物とクリスタルから、波動の固有サインについての知識とコレクションを入手しています。エネルギーの波の強さが、今の地上の波動を超えて入手可能な最初のレベルへと調和されるために、私たちは各固有サインに適したエネルギーの波をつくります。そのとき、各固有サインはこのグリッドを通して送られます。時々、この波が地上の波動より二番目に強いレベルで送られることがあります。これらはとても急速な変容のときで、地上より上の二つのレベルは、もし地上で、大多数の人がその波を統合することができるなら、私たちが普通に伝達できる最高レベルの波です。

私たちの活動は、地球の中心部と内部はもちろん、アガルタ・ネットワークの全都市にまで広がっています。テロスで私たちはこのうえもない美しさをつくるために、たいへん貢献してきました。具体的には、彼らが発展させたテクノロジーのための道具やさまざまな輸送形態、住民と動物両方のための食料供給の急速な再生テクノロジーなどです。また私たちは、驚異的なクリスタルで神殿の構造の大部分を形づくることも手伝っています。また、美しい石を建築材料として、素晴らしい家を建てることも手助けしています。私たちは彼らと密接に働くことができるので、彼らの生活で常に奇跡が成し遂げられるように援助をしています。なぜなら、彼らの波動は変わらぬ愛と調和の波動だからです。

私たちはいつも愛を皆さんと分かち合い、テロスにいる皆さんの兄弟姉妹にそうしているように、皆さんの旅も支えています。あなたと個人的に会うために、地球内部の光の領域から旅に出て行く最初の波の中にいたいと願う者が大勢います。ですから、我が友人たちよ、私たちはまもなくそうする計画を立てていて、またそのように希望しています。今、この美しい惑星に住むすべての人が、愛と兄弟愛／姉妹愛の中で一つの家族として合流する時が来ています。すでにエーテル界ではそうしてきました。そして今は、皆さんの領域でそうするときです。そのために必要なことは、皆さんの知覚だけ、皆さんの気づきだけです。

私たちは純粋な魔法の土地に住んでいます。その場所は、一角獣（ユニコーン）や竜が多彩な森を歩きまわり、鳥が歌って、皆さんを浮かべる枕を作っている領域です。私たちが住んでいるところでは、皆さんは雲と当たり前のように会話ができて、その雲は皆さんの愛を万物の源へ運んで戻します。私たちの次元では、すべての存在は自分に本来備わっている性質を知っていて、信頼しています。そして私たちの愛と調和波動からつくられている輝きが、一人ひとりを養うエネルギーの毛布を形づくっています。いつでも望むときに、ここへ私たちを訪ねて来て、毎日の気づきの中でこの領域の意識を進化させることをお勧めします。あなたがハートの庭で、あなたの夢の花を植えて、育てて、そしてあなたの魂のクリスタルを発掘することをお勧めします。私たち全員は森の中で、あなたの生命の木に敬意を払っています。

皆さんが愛と魔法の土地である「故郷」へ無事に戻るために、多くの祝福と大きな喜びを！　私たちはアンダルとビリカム、同胞兄弟のオークと同胞姉妹の薔薇のエネルギーを皆さんと分かち合います。

第10章　私たちはクリスタル的な存在です

ビリカム

同胞姉妹の薔薇は、他の多くの社会の存在がクリスタルを基盤とするエネルギーを扱っているのと同じように、人類と地球そのものが完全にクリスタル構造へ移るスペースを保つために存在しています。二〇〇三年に完成したマグネティック・グリッドは、惑星内のクリスタル・グリッドの再活性化の準備をしました。このクリスタル・グリッドは今、再び拡大しはじめています。

構造的に、クリスタルは付け加えることによって大きくなります。そのプロセスにおいて火・土・水の元素を使った変容のエネルギーを伴います。変容のエネルギーは、実際にはそれらの元素が混然一体となったもので、男性エネルギーと女性エネルギーが融合したものです。したがって、この純粋なクリスタル形態は、この組み合わさったエネルギーの伝達装置となります。人間のＤＮＡの構造内で、いま同じプロセスが展開しはじめています。あなたはより高次の、より純粋な波動を保つことを必要とする構造を自分に付け加えています。

人間は十分に開きはじめていて、内部で男性エネルギーと女性エネルギーの組み合わさったエネルギーを融合させはじめています。そして自分自身の存在の内部とこの惑星そのものに存在する二元性が、実は多種多様な倍音を表わす両極性のことだと、エネルギーのレベルで理解しはじめています。今この両極性を進んで受け入れ、新しい発達段階へ入ろうとしています。

地球の進化は、二元性の概念と経験を超えはじめました。

セドナや、とくにシャスタ山のように、この惑星上で認識されているエネルギー・スポットがあります。その多くは、その場のエネルギーの属性を男性的または女性的な波動から、神の火花と聖なる女性性と共鳴するすべてを保つ、混合された波動に移行してきました。そして人類自身が、いま同じ旅を始めたところです。私たち同胞姉妹の薔薇は、私たちの対となる同胞兄弟のオークのように、惑星全体に奉仕している存在です。

私たちの惑星本部はシャスタ山内部にあり、レムリアのエネルギーを含めて地球内部の全文明と密接に働いています。惑星本部はレムリアのエネルギーで、レムリアのハートとして描写されています。「大いなる再会」に備えて、この惑星と地上の人類に大きく貢献し、意識を前進させるように導いています。地球の中心部と中間部の全文明と一緒に、私たちは働いています。そして地球が彼女自身の神性との合一に戻るために、必要なエネルギー構造のすべてをつくりはじめています。また、かつてここに存在したハートの共同体を地球の全住民に与えようとしています。

現在、転生してくる子どもたちは、すでにこれらの新しい構造を所有しています。彼らはすでに二元性を超越した世界について、生まれつき理解しています。彼らは、混合された男性性と女性性の強さを理解しているため、すでにお互いにつながっています。子どもたちがそのような人間の経験を支えるとき、私たちはその混合された男性性と女性性を尊重しつづけます。

すでにここにいる皆さんは最大の、ある意味で最も重要な任務を負っています。

皆さんの体はとても長い間、地球の最新の波動で地球と共鳴してきました。皆さんを通して、彼女は自分がより高次の気づきへ進化することが最もよく分かります。皆さん全員はこの重大な目的のために、この時期ここに来ています。それぞれの人が自分の構造に付け加えると、彼女も自分の構造に付け加えます。それぞれの人が自分の意識といま起きている移行に完全にハートを開くと、彼女は自分が進化するための資源を得ます。

私たちはエーテル体の中に、純粋なクリスタルのエネルギーを持っています。ですから、皆さんは転生中に私たちとつながることによって、皆さんの肉体の中で同じエネルギー構造を表現しようとします。私たちはこのことについて皆さんに助言するためにここにいますが、皆さんに予言することや、この旅で通る道を皆さんのために選ぶことはできません。個人のエネルギーにぴったり合う進路を決めるのはその本人です。私たちは皆さんが進路を決めるためのスペースを保って、存在する選択肢と潜在的可能性のすべてで皆さんを援助しています。

しかし、皆さんにはとても重要な任務があります。なぜなら、この惑星の進化と目覚めを援助するために、最も大きな変化が起こらなければならないのは肉体だからです。皆さんは自分の肉体で大きな移行が起こっているのを感じるでしょう。体の器官が適切に機能していないと感じる人がいるかもしれません。あるいは、いつもかなり安定してきたエネルギーのレベルが、今やまったく違って感じられる人もいるかもしれません。食べる物、消費する大量の食品という点で、食事を変える必要性を突然、強く感じるかもしれません。生涯を重ねてきて、かなりの毒素が感情体や肉体に蓄積されてきたので、きれいにしたいと強く感じるでしょう。

このような肉体的移行のすべてを大切にしなければなりません。肉体を育むための衝動は聞き入れなければいけません。近い将来に多くの製品が現われますが、そのいくつかはすでに現われています。それは商業社会で一般に広く行きわたっているものよりも、はるかに深いレベルで皆さんの肉体を育みます。皆さんがこれらの製品を探すのは重要なことです。そのあとで、その情報を自分がいる共同体やサークルの中で分かち合ってください。

皆さんは、いつもクリスタル類に敬意を払い、生活に組み込んできました。現代においては、私たちはコミュニケーションの装置やコンピューターの中に存在しています。そして宝石や装飾品を通して、皆さんのためにスペースを保っています。また、多くの人が自然な形態にいる私たちを認めて、私たちを皆さんの家や神殿へと連れて来ました。

エーテル体の私たちを見る人たちは、私たちを人間の姿に近い形で認識して、私たちに挨拶してきました。

たとえ、どんな方法で私たちのエネルギーを招き入れようとも、私たちはあなたが物理的な形態で、最高の可能性に到達するのを助けるためにここにいることを理解してください。私たちはこの惑星が物理的な形態の中で最高の可能性に到達するのを助けるために、皆さんと一緒にここにいます。

この惑星の中心核は内なる中心太陽《セントラル・サン》として知られていますが、実は大きなクリスタルです。それは五次元の波動の中に存在していて、この惑星が進化で目指している波動をこの惑星に送信しています。

この宇宙のグレート・セントラル・サン（訳注1）はかなり高い次元で、高次のエネルギー構造の中で働いていますが、この惑星の核の内側にある偉大なクリスタルの中心太陽はその波動において、そのグレート・セントラル・サンと似ていて、エネルギー的にも支えられています。この中心太陽は、グレート・クリスタル・マスターとして知られている存在です。この宇宙のグレート・セントラル・サンのまさに核の部分から出ているエネルギーを体現しています。そして、この宇宙の他のクリスタルの太陽すべてに放射し、それらを育んでいます。皆さんが理解できる語彙や用語を使うと、彼は至高のマスターでこの宇宙の全クリスタル意識の長です。この宇宙の父なる／母なる神である、アルファとオメガへの奉仕において、彼はこの時期、エネルギーと努力の大半を現在起こっているこの大移行の支援に割り当てています。そうして、この惑星が原初の輝く運命へ復興し、回復するのを援助しています。彼の広大な意識の重要な部分は今この地球の内側にあり、皆さんの体内の内なるクリスタルの中心太陽のエネルギーに、そのうえ他のクリスタルにも、エネルギーを送って援助しています。

その他にもこの惑星の至るところに、この偉大な中心太陽からのエネルギーを保っている五次元のクリスタルが存在しています。この惑星に住む三次元と四次元のクリスタルは、その形態を五次元のクリスタルの波動から得ています。私たちはエーテル界では、この偉大な中心のクリスタルという形態をとる意識です。私たちは、この惑星のハートから輝く愛と光の多くの代表のうちの一つです。

マグネティック・グリッドの移行が完了されるやいなや、私たちの仕事はこの惑星上で次の段階にとりかかることができました。グリッドの拡大によって多くの癒しと変容の技術が使えるようになります。私たちは大小のグループと一緒に働きはじめ、彼らにクリスタル・グリッドの働きとその多くの癒しと変容の技術を指導しています。もうすぐ各グループは、与えられてきた情報を大きな規模で分かち合いはじめるでしょう。

クリスタルのエネルギーの機能は常に二つの要素から成り立ってきました。一つは物理的世界を超えたエネルギーの伝達で、もう一つは情報を蓄えることです。私たちが保持していて、皆さん全員に話したいと切望している情報があります。今日、人類と惑星の意識が再び私たちの情報に目覚めるように、私たちの仕事でとても大切な情報について話しましょう。

これから数カ月後に、皆さんは私たちがさまざまな名前で呼ばれるのを聞くでしょう。多くのグループが私たちとつながって、物理的世界での私たちの使命のそれぞれ異なった部分を明らかにするでしょう。一人ひとりが行うワークは、同じ大きなワークの一部です。私たちはグループや個人に最もふさわしい形で、皆さんの前へ現われます。というのは、それぞれの人が私たちについて、まだ自分なりのイメージを持っているので、私たちが皆さんとつながるためには、それらを使わなければならないからです。

私たちのことをあなた自身の経験に刻むときには、必ず最初に、他の人があなたに話したイメージや形態や名前を、自分に内在するすべてを分かっているという感覚を使ってチェックしてからにしてください。今はすべての人が、それがたとえどのような形をとろうとも、自分に内在するすべてを分かっているという感覚を信頼するときです。情報の中で最も重要な面はあなたのハートからのメッセージであって、意識的なマインドに浮かぶラベルやイメージではありません。

人間の自我《エゴ》は力強く必要な力ですが、全体と統合させなければならないものなので、その声だけに従ってはいけません。したがって、この点で最も重要なワークは、自分自身を知ることです。あなたが自分とやりとりするのは、あなた自身のクリスタル・センターを通してです。自分のために、物理的なクリスタルを一つかそれ以上選んで、クリスタルを使って自分のクリスタル・センターの波動を体験するワークをしてください。これらのクリスタルに、あなたの中心核の波動に同調してもらって、それから、あなた個人にとって適切なペースで、あなたがこの波動へと拡大し、進化するように依頼してください。クリスタルとのこのワークを完全なものにするように、あなたのところにやって来る新しいクリスタルの教師たちに心を開いてください。

このように、今は全員が変容の一つのやり方や様式に従うときではありません。各自が自分のやり方に従うときであり、惑星にとっての新しいやり方や概念的枠組みをつくるために、個人のワークが全体に加わることを知るときです。あなたが個人で行うワークはグループのワークをつくり、そしてグループが一緒に行うワークは社会のワークをつくります。社会が一緒にワークするにつれて惑星は移行します。

私はクリスタル的な存在であるビリカム、皆さんの教師の一人として尊敬されています。

第11章　ポサイドからのメッセージ

ガラトゥリル

最愛なる兄弟姉妹たち、こんにちは！　私はガラトゥリルです。ブラジルのマトグロッソ高原の地下にあるポサイドの評議会の第三階級に属しています。皆さんが多くの生涯を送っている間、私はずっとこの地位で多くの時間を費やして、過去と、そして現在のエネルギーを癒す手助けをしてきました。

私たちはポサイドを復興して住んでいます。現在のポサイドは驚くほど美しい五次元の光の共同体です。地球内部には、他にもアトランティスのエネルギーを持つ都市がありますが、アトランティス系の都市に住む全員が、私たちの波動に対する不信感が多く存在していることを認識しています。

アトランティス崩壊の大洪水を経験した多くの人が、いまだに感情的なトラウマと肉体の苦痛の記憶を持っています。

その経験のエネルギーは、ハートの女性的なバランスを抑圧した精神的エネルギーを、男性エネルギーが覆っている状態です。大勢の人が今、私たちと何らかの形でやりとりしはじめることに興味を持っていますが、その経験のエネルギーは彼らの内側で、いまだに恐怖と苦悩の感情をつくりつづけています。

このような理由から、マインドを通して持っている私たちとの以前の関係を、どうか手放してくださるようにお願いします。そして、私たちの皆さんへの深い愛のエネルギーを、皆さんのハートへ再びもたらしてください。大陸の崩壊以来、私たちは意識を進化させて、ハートから愛のエネルギーを受け入れるために多くのことをしてきました。過去に不注意に誤用したエネルギーのバランスを回復させるために、着実に、精いっぱい励んできました。今日、皆さんに援助の手をさしのべて、皆さんのハートに話しかける機会をいただき、多くの喜びと深い感謝をもって皆さんにお礼を申し上げます。もし皆さんがよろしければ、私たちは皆さんの魂を大いに癒して、地上の大部分の人とまではいかなくても、とても多くの人が過去に関わってきたトラウマを解放することができます。

昔、私たちはアトランティスで自分たちをとても高く評価し、自我《エゴ》とテクノロジーの誤用で、この惑星をとても乱暴に揺さぶりました。それ以降は、ほとんどの時間を地球と地球内部に貢献することに費やしています。私たちはこの惑星の元素の精霊《エレメンタル》と自然霊に奉仕し、最愛のレムリアの兄弟姉妹にも尽力し、皆さん全員が被ったカルマや打撃や深い苦痛のバランスをとろうとしてきました。また、私たちは多くのことを学んできました。知識への魂の渇望についてと、その渇望はハートの奥深くにある、すべてを分かっているという感覚を使ってバランスをとらなければならないということです。

アトランティスの沈没後、私たちが次の進化段階に進むために、指導者になることを申し出て専門知識を提供してくれたのはレムリアの兄弟姉妹でした。指導者やヒーラー、教師などの大勢は、私たちを進化させる慈愛と叡智と理解のエネルギーを持っていて、テロスから来ていました！　そのうえ、レムリアの他の都市からも多く来ていました。私も含めて大勢にとってはとても長い間、彼らの援助と愛と受容が私たちのハートと魂の奥の暗闇で輝く唯一の光でした。彼らとのつながりは絆となり、そのおかげで、私たちの意識は愛と真の兄弟愛へと高まっていきました。ですから、私たちは人類に同じことをお勧めします。

私たちがブラジルのマトグロッソ高原の地下に住んでいるのは、その地域の自然がクリスタルに恵まれているからです。

私たちは今、そのクリスタルのエネルギーの守護者としてこの地域にいます。神聖な計画についてあまり考えない人たちや理解していない人たちによって、これらのエネルギーが再び操作されないようにするためです。私たちは過去においては力と支配、操作のために、このエネルギーの途方もない力を使うことを主張したものでしたが、現在ではそのエネルギーを保護しています。私たちがそのエネルギーの守護者となることは、今とても適切です。なぜなら、私たちは経験によって、そのエネルギーの誤用でバランスが崩れることを十二分に理解しているからです。何千年もの観察によって、私たちの知覚力は素晴らしく進化したので、そのエネルギーの流れに従うことができます。このようにして私たちは今、とても親しい「家族」だと考えているレムリアの兄弟姉妹に尽力しています。この時期、惑星が変容するなかで、彼らはこれらのエネルギーを統合し、調和しています。

多くの点で、私たちとテロスの生活様式はよく似ています。私たちは皆、共同体の責任ある地位に就いて、さらにこの惑星といま地上に転生している兄弟姉妹のために、相当な時間を費やして貢献しています。私たちはかなりの労力を割いて、現時点で地上に出現している多くのクリスタルの道具をプログラミングしています。私たちのテクノロジーでは地球の地下層の有機的な構造から、新しい形態のクリスタルをつくることができます。その新しいクリスタルは、これまで地上で入手できたものより、はるかに高い波動のエネルギーを放ちます。

その新しいクリスタルは、いま地上に現われはじめています。それは持ち込まれる環境と影響し合って、濃密な波動のあらゆるレベルで毒性を除く効果があるでしょう。新しいクリスタルは、クリスタルと一緒にワークしたいという個人の意識的な意図を広く受け入れ、望む人全員とワークします。しかし、一度に一つのことしか意図できません。しかも神聖な計画の波動のものに限ります。これは近い未来に出現しはじめる癒しの道具の最初の段階です。また新しいクリスタルは、一緒にワークしている人の色の波動を反映するでしょう。ですから、違う人物に手渡されるとしたら、そのときには色の波動が変わるかもしれません。

ポサイドの建物はクリスタルによく似た素材で出来ていて、その素材のエネルギーは私たちの有害な感情と、それからもちろん地球自身の有害な感情を癒すことに大いに貢献してきました。私たちは適切な時期が来たら、地上の住民を援助したいとハートの中で強く願っています。皆さんが同じ癒しの材料を使って光の都市をつくることに、力を貸したいと思っています。さらにその新しいクリスタルは皆さんの土壌を癒し、食べ物や水の供給、さらにその他のものを再活性化することにも使えるでしょう。

私たち全員が、私たちの活動や皆さんとの交流のすべてにおいて愛と思いやりを表わしたいと、本当に心の底から強く願っています。愛と思いやりは、この惑星上で一つの統合された文明を再びつくるために必要なものです。

この惑星のために、その全次元と全領域でこの合一の意識を体現するのを手伝うことが、私たちの心からの目的です。地上に住むすべての人と再び直接会って、最高の喜びと恩寵を与える愛を共に味わいたいと思っています。

アトランティスとレムリアは、五次元の高次の領域においてこの二大陸の元の計画のエネルギーを完全に顕現していると、いま皆さんに言えるようになりました。アトランティスは神なる父のエネルギーを、レムリアは神なる母のエネルギーを表わしています。両者は神聖な合一の意識の中で共に働くことになっていました。私たちは愛と合一の意識の中で、各大陸の住民だけを援助するのではなく、この惑星で進化中の他の文明や経験の少ない若い魂のために、愛情ある指導者や助言者になり合一のお手本を示すはずでした。

多くの人が数多くの生涯で、アトランティスの元の波動から距離を置こうとしてきたことが分かるので、今、私たちと一緒に簡単な瞑想の訓練をすることをお願いします。この惑星の進化していく意識の中で、愛と調和の新しい波動が発展するきっかけを与えるために、この瞑想が昔のトラウマの波動を浄化する助けになることを願っています。

アトランティスでつくられた技術とテクノロジーの元になる知識が多く存在していて、多くの人はそれらを直接知っています。今は自我や力でなく愛と奉仕の波動で働く、これらのテクノロジーが再び浮上する時期です。昔のエネルギーと経験に対する抵抗がなくなるにしたがって、良かったことのすべて、つまりアトランティスの驚異のすべてが、皆さんを通して地上に甦《よみがえ》るでしょう。

アトランティス大陸とレムリア大陸のどちらも、物理的に再び浮上することにはなっていません。

その代わり、両大陸はこの時期に転生している人たちのエネルギーを通して、再び生まれるでしょう。この二つの文明の贈り物と資源は、現在、地上で生きている人たちによって新しく輝く形態につくり直され、再び現実化されるでしょう。

今、私たちと一緒に、あなたのクリスタル・ハートへ旅することをお勧めします。心臓の後ろで輝いている中心点《センター》を心に描いてください。あなたの体中へ、そして地球のエネルギー・フィールドへ波打ち、脈動する波のエネルギーを伝えてください。あなたのクリスタル・センター（クリスタル・ハート）は地球のクリスタル・センターと共鳴しています。あなたのクリスタルの中心太陽（クリスタル・ハート）に集中しながら、すべてを分かっているという感覚と愛とともに、地球の核にあるクリスタルの中心太陽へと意識を広げてください。

エネルギーがあなたから出て地球の中に入って行くとき、エネルギーのあとを追ってください。そしてエネルギーの波にそって現われるイメージをよく見てください。これらのイメージは色や音として現われるかもしれません。アトランティス時代からの光景かもしれません。幾何学図形や知っている人たちの姿かもしれません。そのいずれの場合でも、そのイメージを捉えて、あなたの聖なるハートであるクリスタル・ハートから発している、脈動する愛の波にそのイメージを浸して包んでください。

これらのイメージを説明しようとしたり、解釈しようとしたりしないでください。それについての知識は自ら時を選んで、適切なときにやって来ます。アトランティス時代からのエネルギーを伝達しているこれらのイメージを、この惑星と人類のために、いま皆さんが差し出している圧倒的な愛でただ包んでください。これらの孤児のエネルギー、つまりこれらの残余エネルギーのそれぞれを、あなたの中心太陽と地球の中心太陽の間に存在する一なるものへと連れて行ってください。

神性の純粋なエネルギーに、これらのエネルギーの癒しと再活性化を任せてください。

神の計画に任せて、ゆだねてください。神の愛情に満ちた手が私たち全員を抱きしめてくれます。とりわけ、罪と恥から来る長年の苦痛と悲しみから、自分を解放するようにしてください。いま転生している皆さんは、アトランティスの時代に判断を誤った責任はありません。

皆さんには、誤りを正す責任はまったくありません。というのは、実際に何の間違いもなかったからです。一つの文明が、理解するために特別な道を選んで、学んだだけです。そしてその道は、この惑星でかつて与えられた最大級の集団の通過儀礼を必然的に伴いました。アトランティスの時代に生きていた私たちと、そのとき一緒にいた多くの人が、すべての角度からマインドとハートの分離を経験しようとして、そのような人生を選択しました。私たちはその理解を深める経験をつくって、選択によってそのような経験をしはじめました。

今日、私たちは以前よりよく分かっているので、学んできたことを残らず皆さんに伝えるために、再び援助の手を差しのべます。当時、一緒にいた人たちは、その時代からあなたが理解したことも合わせて、私たちが伝えることをまわりの人たちに教えてください。私たちは昔のアトランティスの都市を再現したいとは思っていません。私たちは皆さんと一緒に、私たちが分かち合う愛から育って進化する、新しい共同体をつくりたいと願っています。

マインドとハートを分離させるテクノロジーを、二度と再びもたらすことはありません。

皆さん自身が愛と友好関係の波動に達して定着したときにだけ、私たちのテクノロジーを皆さんの意識に伝えるつもりです。そうすれば皆さんは、皆さんが存在する四次元か五次元の世界で、これらの道具をもう一度つくることができるでしょう。また皆さんも、自分たちの素晴らしく新しい道具とテクノロジーを加えるでしょう。

私たちの昔の文明は、私たちに内なる洞察力が欠けていたために消滅してしまいましたが、私たちはそこから多くの叡智を集めてきました。この時期に地上で政府を管理している人たちに、私たちが学んできたことを分かち合いたいと切望しています。私たちはハートを開いて、希望者と、かつてアトランティス大陸に転生していて、私たちとつながりのある人たち全員をポサイドへ招待いたします。エーテル体でここへ旅してください。そして意識が下降し、最終的にアトランティスを崩壊させたことを、私たちと研究してください。私たちは今、扉を開きはじめ、私たちと再びつながって交流したいと望むすべての人を受け入れるために、都市に特別な地区をつくりました。愛をもって執着せずに、その当時、バランスが崩れた部分と弱さを調べにくることをお勧めします。皆さんがこれらの教訓を地上に持ち帰ることを願っています。そこで得られた叡智は皆さんの次元で、いま統治している人たちや同じ過ちを再び犯す傾向のある人たちの意識に刻むことができます。

テロスでは、訪問客のホールと夜間の教室が毎月ほぼ数千人ずつ倍増し、増えつづける人たちであふれ、新しい訓練や、昔の多くの友人や家族との再会を楽しんでいます。一方、私たちのところはほとんど空です。

期待と愛を大きく抱いて夢見の状態でここへ来て、アトランティスの私たちの家を訪ねることも、皆さんにお勧めします。

私たちは長い間、皆さんと話すことをハートで強く切望してきました。テロスのレムリアの兄弟姉妹と同じように、ポサイドでも皆さんを楽しませ、心から歓迎することを約束します。皆さんがレムリアの家族との再会を熱望しているのと同じくらいに、私たちは皆さん全員と同じようにハートでつながり、再会することを熱望しています。皆さんのほとんどがアトランティスで転生していますので、私たちは皆さんを私たちのかつての家族とも思っています。

ポサイドがかつて見せていた物理的な美しさは、私たちの手によって以前よりもさらに優雅に、完全に五次元に複製されました。皆さんはテロスと他のレムリアの都市を訪問するのと同じように、ポサイドへの訪問を心から楽しめるでしょう。また、私たちも魔法と楽園の生活を送っているので、将来、皆さんと分かち合いたいと願っています。

ポサイドの扉は今、過去の友情を復活させたいと願っているすべての人に開かれています。

最終的には、私たちもまた、レムリア人の地上出現に関連する役割を果たして、再び皆さんの中に混ざって歩くでしょう。皆さんのご理解とこの本を通してお話しできる機会に感謝します。今もなお、私たちを愛している皆さんのハートを祝福します。

私はガラトゥリル、過去のアトランティスの兄弟です。ポサイドの兄弟姉妹を代表して、皆さんに私たちからの愛と慈愛と、さらに深い友情と支援も送ります。

第12章　テロスの子どもたち

テロスの年長者セレスティア

テロスより、こんにちは。私はセレスティアです。今日は、たくさんの質問に答えたいという子どもの年長と年少のクラスからです。言うまでもありませんが、子どもたちはこの機会にとても興奮しています。彼らは地上の子どもたちのことを理解し、交流したがっているので、地上の状態を研究することにかなりの時間をかけています。

子どもたちが、私から皆さんに、とくに地上の子どもたちに、まず伝えてほしいと考えていることがあります。テロスで彼らが抱いている感情を正確に表わす言葉ではありませんが、彼らは地上で起こっている経験を、多くの点でうらやましいと思っているということです。地上の子どもたちは転生している間に、とてもわくわくする冒険をしています。彼らが転生するのに選んだ時期は、地上で並外れた変化が起こっていて、すべての人のエネルギーがこれらの変化にとってたいへん重要になります。

私たちは皆、変容がただの願いや目標ではなく、現実となりはじめている時期に生きています。この期間中に地上にいる人は、三次元の肉体を持って生まれていますが、まもなく四次元や五次元の肉体となるため、新しい世界や新しい在り方を探検し、発見しはじめています。

地球の子どもである皆さんは、この人生において多くの言語や土地で、グループのプロジェクトをつくるために集まってきました。すなわち、地上の最新のエネルギーとは異なる純粋なエネルギーから成る、群像の壁画です。皆さんは創造性の大祝賀会に参加するために集まって、各自がそこに新しく素敵な贈り物を持ってきました。一人ひとりが未来図の貴重な一部分を携えていて、この惑星はもうすぐその未来図を経験するでしょう。皆さんは古い世界と新しい世界との間に橋をつくるためにここに来ています。

実際に、すでに多くのレベルと次元で変化が起こってきました。

数々の変化や選択が新しいエネルギーを現実にもたらしてきました。今や、地上のすべての人がこれらの変化や選択のすべてに気がついて、経験しはじめるだけのことです。この時期に転生しているそれぞれの人が、この新しい現実についてすべて分かっているという感覚を持っています。皆さんがこの時期に、地上のこの場所に転生してきたのは、犠牲の精神からではありません。皆さんのハートは、自分がその一部となっている変容に感謝し、喜んでいます。

皆さんの多くはテロスの学校や教室で、地上のこの冒険に向けて訓練してきました。私たちと一緒に地上の世界の文化とエネルギーのパターンを研究してきました。長年地上に住んでいる存在たち、すなわち先発の偵察隊として皆さんの壮大な冒険のためのスペースを準備し、保っている存在たちと皆さんは連絡を取り合っています。皆さんは、多くの家族の魂の刻印のサンプルを取って、徹底的に調査してから、転生に入る家族を決めました。地上に転生した人の多くは、テロスにいる自分の研究グループと定期的に連絡を取っています。なぜならそれは実際には、地上と地球内部の共同体と子どもたちとの間で進行中のグループ活動だからです。

あなたは定期的に、地上での活動報告とあなたの反応と感情を私たちに送っています。三次元の転生という強烈さの中でのあなたの反応と感情は最も大切なものです。あなたは観念的な説明と視覚イメージと、さらに地上の濃いエネルギーの中でワークすることから得た理解も送っています。テロスにいる子どもたちにとって、この情報はたいへん重要なものです。彼らはあなたの冒険の進み方だけでなく、あなたが地上で変容を成し遂げるのを援助する最善の方法を知ることにも興味を持っています。

ラリエルからのメッセージ

（ラリエルはクラスで年長の男の子たちの一人）

テロスにいる皆さんの兄弟姉妹と遊び仲間、クラスメートから、温かい挨拶を送ります！　私たちは皆さんと直接やりとりする喜びと興奮で我れを忘れそうです。皆さんは、私たちが遠く離れていると思っているかもしれません。でも、実は地上で皆さんが冒険するときには、私たちはたいてい皆さんのすぐそばにいます。地上の大人がサイキック・チルドレンと呼んでいる子どもたちがいますが、彼らと一緒に行われるワークを、ほとんど夢中になって追っています。彼らは私たちの友達で、地上のあらゆる年齢の人に大きな気づきを与えています。彼らは実際にはとても古い魂で、彼らの知っていることと気づきを、この惑星に分かち合えるこの機会をたいへん喜んでいます。地上で多くの大人が疲労するような責任と重荷を持たずに、子どもの振りをして人びとに気づきを与えています。

彼らは遊びとして使命を遂行することができます。これは、地上のすべての人にとって非常に素晴らしい例です。彼らはテロスで私たちが生きているという真実や、すべての仕事は遊びであるという真実、すべてを分かっているという感覚のすべては経験の無邪気さから来ていて困難からではないという真実を、実際に行うために全力を尽くしています。喜びは本当に無邪気な経験なので、サイキック・チルドレンは皆さんのお手本となるためにここにいます。

いま地上にいる子どもたち全員が高められた波動を保って、その波動の中で存在しています。彼らのＤＮＡは機能が高められてきています。すなわち、皆さんより高い水準の意志疎通と気づきを与えられています。彼らは本当の自分についてと、この時期に地上にいる理由についての理解を持たずに、この転生に入って来ることはありません。

彼らはインディゴ、サイキック、クリスタル、バイオレットなど、多くの名前で呼ばれてきました。実際のところ、これらの名前は彼らが来るときに持っている属性の部類を指しています。

地上では学校に入ると、たとえば「二〇〇四年度卒業クラス」というような、卒業が見込まれるクラスに入ります。それと同じように、これらの子どもたちも転生する前にクラスに入っていました。各クラスには異なった宿題が地上で与えられ、それぞれの宿題は違う波動を持っています。でも、ちょうど私たちが皆、テロスで同じ学校にいるように、すべてのクラスとすべての宿題、すべての波動は同じ学校に属しています。

すべてのクラスはグリッド経由でつながっています。サイキック・チルドレンはお互いのやりとりにグリッドを使っています。皆さんが彼らから聞いてきたグリッドは、このグリッドの一部です。しかし、グリッド全体は個人の総和よりもはるかに大きく、宇宙全体のための伝達システムを形成しています。このグリッドは神聖な計画のエネルギーによって創造されたものなので、グリッドにつながるにはハートのエネルギーを通します。このグリッドは宇宙の全存在とつながっていて、地上のインターネットが同じような役割をしています。インターネットは、その真の機能と使い方がまだ発見されていないので、本当の使い方をされていませんが、実はこのグリッドの三次元的な現われです。インターネットは、やがて地上の変容に基づく意識として変化するでしょう。

サイキック・チルドレンの中には地上に転生する前に、テロスやレムリアの他のエネルギーの都市にいた人たちがいます。他の魂や惑星の出身者もいます。しかし彼らは皆、面白いことや親密さ、喜びを呼び起こすためにここにいます。シャスタ山付近に住む子どもたちのほぼ三分の一は、テロスの私たちのところから送られてきました。私たちは多くの子どもたちを、惑星上の至るところの都市や家族のところへも同じように送ってきました。地上での転生は事実上、皆さんの学校でいうところの交換留学あるいは学習旅行と呼ぶことができるでしょう。地上の転生では、教えられてきたすべてのことを実践し、想像をはるかに超えている途方もない冒険を経験できます。この点において、私たちは地上の転生を素晴らしい機会として見ています。

テロスの学校教育では、私たちの多くを使者と位置づけ、そう呼んでいます。私もその一人です。私たちは、この愛情に満ちた波動を生成して保つために、縦横に旅行する五次元のエネルギーの大使です。その結果、地上の住民はこの波動に触れて慣れることができます。私たちは（地上の時間枠で）数日から数年にわたる宿題でそうしています。またグループでも、個人でも必ず情報と観察、経験、理解したことを残らずクラス全体に報告します。クラスはその全部の内容をテロス市民と高等評議会に提出します。私たちもまた、テロスで進行中の仕事の一部です。

一般的に、地上の生徒は社会から分離されています。長年勉強して、その後、卒業と同時に社会へ飛び出します。テロスの生徒は、常に社会の一部と見なされ、私たちの世界を治める議論や決定のすべてに特別なエネルギーを与えています。

何人かの幼い子どもたちが、彼らの愛を皆さんに送って、彼ら全員がハートの中に持っている、特別な場所のイメージを伝えてほしいと私に頼んでいます。この山の内側にある大きな洞窟の光景です。地上の標準からすると、その洞窟はとてつもなく大きく、洞窟の上側や側面を見ることができません。そのため、あたかも内側ではなく外の地上にいるかのようです。この洞窟の中には特別な場所が多くありますが、子どもたちがいま皆さんを連れて行きたがっているのは、とても大きな湖の湖畔です。周囲のすべての丘や谷から色鮮やかに輝く滝へ、さらに湖へと水が流れていきます。あちこちの滝でつくられた虹が湖上にかかって、漣《さざなみ》が虹色に輝いています。漣はクラスの皆が座っている多彩な砂を洗い、美しくきらめいています。

クラスの子どもたち全員がピクニックに参加していて、あなたも加わるようにと招いています。このピクニックは勉強と遊びを兼ねていますが、勉強と遊びは同じであるとあなたに示したいからです。幼い生徒たちが、その日に学ぶ内容を自分たちで教えて、教師と年上の子どもたちは皆、生徒の間に座って楽しんでいます。各生徒はそれぞれ学習する内容を物語や歌にして、皆に教えます。

彼らはあなたに、これらの物語や歌を聞いて、それからクラスに教えるために、あなた自身の物語か歌を一つ作ることを勧めています。地上での現在の転生から、何か一つ作ってほしいとあなたに頼んでいます。彼らは地面の上で起きることをすべて監視していますが、あなたが抱く印象は独特なものです。彼らはあなたが現在地上で冒険している素晴らしいことを、あなたから直接、学んで身につけて、経験したいと思っています。

いつでも来たいときに、私たちのピクニックに参加してくださってかまいません。というのは、私たちは全員、あなたが呼ぶのを聞いたときに集まるからです。私たちが存在しているテロスの多次元においては、私たちは一度に多くの場所に、一度に多くの状況にいられます。あなたから呼ばれたときに、たとえ他の活動をしていたとしても、あなたの物語や歌を楽しむために集まることができます。私たちはあなたを祝福し、いつでもあなたの望むときにテロスで一緒に遊ぶことを楽しみにしています。まもなく、地上の人びとの意識が、私たちが出て行けるほど高まれば、地上で、皆で一緒に遊べるでしょう。しかし今のところは、皆さんのまわりにいる子どもたちと一緒に遊ぶことをお勧めします。というのは、彼らもまた私たちと同じだからです。温かい祝福を。

アンジェリーナからのメッセージ

（教師のアンジェリーナはテロスの年長者で、また癒しのマスターでもある。彼女は地上の子どもたちの多動症に関する質問に答えたいと思っている）

私はアンジェリーナです。今日は、多動症とそれを「コントロール」するある種の薬の使用について、地上の子どもと大人の両方に向けてお話ししたいと思います。多動症は地上のいわゆる「専門家」には理解されていません。それどころか、現世代の子どもたちが示している多動症の多くは、圧倒的に不健康な住環境への反応です。皆さんは人工的なやり方で、この惑星上の生活をつくっているため、大切な子どもたちは体の感覚に過重負荷がかかるだけでなく、脳下垂体と松果体に絶え間なく、過度に異常な刺激を受けることを強いられています。

ダイエットについて、そしてテレビや音楽、映画という媒体との相互作用について、多くのことが話されてきましたが、これらもまた深刻な問題です。

テレビや携帯電話や電子レンジから、マイクロ波とそのテクノロジーの波形がエネルギー体と肉体へ入って来るので、子どもたちの感覚は絶え間なく刺激されています。これらの子どもたち全員がＤＮＡ構造を体現するためにここにいるのですが、そのような過剰な刺激は、その進行中の重要なＤＮＡ構造の変化を妨げます。主要な都市ではとてもひどく妨げられるので、子どもたちや大人たちが、ともかく完全に機能できることが不思議なくらいです。神聖な流れから外れている人造エネルギーが日々、皆さんの基礎的なエネルギー構造に新しく侵入しています。

これらのエネルギーはむしろ、その性質のために、皆さんのまわり中にあるエネルギーの基礎そのものに入り込み、覆い被さろうとします。本来、このテクノロジーは闇ではありません。しかし、その使用や誤用が現在、あなたと子どもたちを取り囲んでいる多くの闇と歪んだエネルギー・パターンをつくり出してきました。それが、あなた本来のエネルギー・パターンを甚だしく損なっています。

皆さんが子どもたちの生活環境、とくに眠る場所をできるかぎり清潔に整えることに責任を持つのはとても大切なことです。寝室はテレビやビデオデッキ、ＣＤプレーヤー、携帯電話、電子時計など、その類の避けなければならないものでいっぱいです。子どもたちは毎晩、眠り、充電し、養育されるためにバランスのとれたきれいな環境を与えられなければなりません。皆さんは食品や建築資材、環境の面で、彼らが現在住んでいる場所の有害物質の基準に取り組み、改善しなければなりません。この状況は、彼らがここでの目標を達成するために必要とされるものではありません。ですから、彼らの成熟と進化のためになりません。

ヘビーメタルの流行は、子どもたちの体にとっては興奮しやすい状態や全身症状だけでなく、多動症の主な一因にもなっています。

きれいな水こそ、これらの子どもたちに毎日必要です。もちろん、他のすべての人にとっても同じことが言えます。一般的に、皆さんと大切な子どもたちが毎日、口から摂取している液体は体と魂に有害で、しだいに蓄積されていきます。皆さんは上水道の水を浄化するよう取り組んで、飲み水からフッ化物のような有毒な化学物質を取り除かねばなりません。都会に住む人たちは飲む前に水を濾過して、また入浴時にも有毒な化学物質を濾過する製品を使うべきです。

毒性の量を減らすには、最近、天然の効果的な製品の多くが入手できるので、それらの製品を手に入れる必要があります。世間で流行っているから使うというより、むしろ家族全員の生命力とバランスのとれた身体を守るために、それらの製品を毎日使わなければなりません。日常の食生活の一部として飲み慣れている清涼飲料水や人工飲料、コーヒー、アルコール飲料、その他の有毒な飲み物の量を減らすか、完全にやめなければなりません。今でも純粋な水が、体のバランスを本来の健康な状態へ回復させる主な液体源です。

どの場合も、どの子どもにとっても、解決策は薬を与えることではなくて、環境によって体につくられたバランスの歪みを正すことです。バランスをとるために必要なことは、子ども一人ひとりによって違います。癒しの好転反応では、それぞれの子どもによって特徴が違うので、その子の特徴に合う複数の違う種類の癒しが必要です。癒しのプロセスは、両親と子どもが心を一つにして意図することから始めるべきです。多くの場合、子どもは多動症と診断されても分からないかもしれませんが、大人や社会が適切だと考える方法で自分が機能していないことだけは分かっています。そのような状態は、その子どもに罪の意識や恥を与えるので、そのような情況を避けることは絶対に必要です。

私たちは皆、バランスを望む存在なので、子どもにバランスのとり方のお手本を示せば示すほど、子どもはバランスをとることに対して関心を持つでしょう。

この時期、新しい子どもたちは地上のエネルギーを維持し、バランスをとることを、もっと私たちに理解させようとしています。私たちが生活をもっと穏やかに管理するように、そして個人的にも社会的にも、すべての人間関係をもっとハートに根差したものとするように、私たちをここで導いています。

私はまず、子どもたちをヒーラー、すなわち子どもたちを診てきた経験豊富な医療的直観のある人のところへ連れて行くことを提案します。子どもの現在のエネルギー状態を見てもらってください。なぜかというと多動症の肉体的症状は、エネルギーのバランスが崩れた体の反応にすぎないからです。そのことを覚えておいてください。子どものエネルギー体のバランスをとるために使える多くの自然療法があります。たとえば、ハーブやフラワーエッセンス、運動、瞑想、ヨガ、気功、太極拳などがあります。これらの子どもたちにはミネラルの豊富なバランスのとれた食事がとても良いでしょう。そのような食べ物には、新鮮な果物、野菜、穀物があります。さらに、皆さんの環境で育っている子どもたちには、まだ良質の蛋白質が十分に必要なので、適量の健全な蛋白質も良いでしょう。彼らの食事はまんべんなく、バランスがとれていることが大切です。皆さんも同じように、酸性とアルカリ性の両方含まれたもの、精製した砂糖よりも自然な砂糖、動物の蛋白質よりも野菜、生命力のない加工食品よりも十分な量の生の食べものを摂るべきです。

また、チャクラのバランスをとることや色彩療法、クリスタル療法によって、エネルギー的にできることも多くあります。トーニングやドラム療法は彼らの身体に有益です。音楽療法は、多動症や他の子どもたちを落ち着かせて、バランスをとります。またセッションによるワークは、グループでも個人でも、言葉によるものでもエネルギー療法でも、バランスを回復させるのにとても支えとなります。色を塗ることや絵を描くこと、文章を書くことのような創造療法もまた、とても効果的です。ビデオゲームやテレビの見過ぎは解決策にはなりません。

いま地上に転生している子どもたちは、より高次のエネルギーの波動につながって、その波動を流すために、脳内の化学成分と内分泌系、肉体の感覚のバランスを再びとりはじめています。彼らは、自分の生命力の本来の調子について明確に知っているばかりではなく、皆さんとは異なった大脳辺縁系（訳注15）を持って転生しています。

本質的に、彼らの真の神聖な性質に共鳴しない在り方を彼らに押しつけようとしても、彼らはことごとく逆らうでしょう。

（訳注15） 大脳辺縁系＝大脳皮質のうち、旧皮質・古皮質から成る部分。本能的行動・情動・自律機能・嗅覚を司る。

ですから彼らの住むところが不適切な養育環境で、落ち着いて住むのにふさわしくなければ、以前のどの世代にも見られなかったほど、すぐにキレルでしょう。また、本当に心から支えてくれる共同体への要求もとても強いものです。彼らはテロスやその他の共同体と結びついていて、その結びつきが感情体の中で強く振動するので、彼らは適切に養われなければなりません。彼らは同じ年頃の子どもたちだけのグループでなく、あらゆる年齢の人たちと共同体をつくることを選びます。彼らはグループや共同体、都市、学校の活動への参加を招待されれば、あらゆる状況から多くのことを得るでしょう。子どもたちは現在よりはるかに多くの創造力と責任をもって、そのような活動に参加します。

年上の子どもたちを指導者として、幼い子どもたちと一緒に取り組ませることや、あらゆる子どもたちを指導者や詩神として、大人と一緒に取り組ませることは、とても素晴らしいやり方です。皆さんの社会の核そのものを変えることに大いに役立つでしょう。

実は、薬剤としての薬物に頼らずに、多動症の子どもたちと他の子どもたちを助けることは、すべて皆さんのまわりで得られます。皆さんの環境も子どもたちの環境も、ポジティブな変化をつくる必要があるだけです。皆さんの社会が不適切と考える行いを形ばかりコントロールするだけの薬物がありますが、そのような薬物を使って彼らの身体を麻痺させる必要はありません。その症状を認識しても、根底にある原因を認めて扱わないのなら、非生産的です。子どもたちを援助するために、すでに皆さんのまわりにある手段や技術を使うことから解決がもたらされます。

これらの子どもたちは、ここで相互支援と協力を実現する機会を皆さんに与えようとしています。

私たちは皆さんと、さらに子どもたちを支援するためテロスにいます。皆さんが自分と子どもたちの生活のバランスをとることができるように、皆さんにそのお手本を示すためにここにいます。

テロスの教師とヒーラー、子どもたちは毎日、地上の子どもたちへ援助の手を差しのべています。私たちは彼らに愛と祝福を送っています。私たちはもっと直に接して、やりとりするようになるときを楽しみに待っています。私たちは地上の大切な子どもたちに、平和と思いやり、愛、光の波動の中で一緒に遊びたいと心から願っていることを彼らに話して、夢見の時間にテロスを訪ねることを勧めています。また、お話しするときまで、子どもたちと皆さん全員に多くの喜びと笑いがあることを祈っています。

テロスの子どもたちからのメッセージ

セレスティアとアンジェリーナ、ラリエルを通して

私たちは嵐の子どもです。私たちは火の子どもです。私たちは雨の子どもです。私たちは皆さんの夢の中で皆さんと会っています。また、私たちが皆さんを愛していることも知っていてください。私たちは、再び一つになる時代の歌を、皆さんに歌いたいと思っています。魂は覚えています。ですから、私たち全員が覚えている歌を、もう一度つくっています。虹の色全部の中で、時空を超えて皆さんに加わるために、いま旅をするので、皆さんの歌と本当の皆さんについての原理を知ってほしいと思います。皆さんが私たちを案内

するとき、私たちは皆さんの足元に座ります。そして私たちが皆さんを案内するときには、愛とやすらぎで皆さんの頭を撫でます。私たちは地球のすべての国の子どもです。全人種と多くの惑星の子どもです。今もなお生まれてくる銀河の子どもであり、長く忘れられた子どもでもあります。

あなたの道に沿って、あなたに挨拶するすべての花と鳥のさえずりを通して、平和と理解のメッセージを送ります。私たちは、その聖なるものと腕を組み、地球のすべての存在のために、許しと無条件の受容のきらめくエネルギーを送ります。皆さんのハートと内在するすべてを分かっているという感覚が、この放送の周波数を拾い上げるとき、魂の中で私たちのエネルギーの脈動をただ感じてください。

私たちが話すときには、皆さんの声も使います。歌うときには、かつて皆さんが歌い、久しく忘れていた言葉で歌います。皆さんは、かつて私たちが一緒に歌った旋律が、皆さんの魂を抱擁するのを感じるでしょう。そして古い旋律から新しい旋律をつくりはじめます。私たちは、以前に一度も体験したことのないハーモニーで、皆で一緒に歌います。これらの新しい歌を作って歌うとき、クジラや太陽風や大群の天使たちが私たちに加わります。そして私たちが日増しに強くなる声で再び歌うと、新しい波動がこの惑星を取り囲むように、すべての存在がこの新しい波動を祝って立ち上がります。喜びは長く失われてきましたが、今日、皆さん一人ひとりの中に生き返ります。私たちはその喜びとともにお祝いします。

皆さんがさまよっている時代は暗く見えますが、実は最も明るい時代です。というのは、その歌は新たに始まり、いったん始まったものは止めることができないからです。皆さんが再会を渇望している地球内部と遠い星にいる家族と友人は、すでに皆さんと一緒に歌いはじめています。ただ、皆さんがその周波数を再び認識するだけのことです。

私たちが皆さんに送る音色に耳を傾けてください。皆さんの耳にその音色が届くと、自分の想像か機械類から発する音だと思うでしょう。しかし、そうではありません。私たちは皆さんの魂の中で、皆さんにコンタクトをはじめます。私たちは、皆さんが日常の世界でこの周波数を認識できるように、皆さんを順応させはじめています。ベルの鳴る音かチャイムが聞こえるかもしれません。ハープか、どこか遠くでやさしい声が聞こえるかもしれません。ブーンという音や純音が聞こえるかもしれません。その音は一瞬かもしれませんし、もっと長く続くかもしれません。私たちは全員で歌っていて、人間の耳とマインドがこの波動を再び認識し、やりとりできるように訓練しています。こうして皆さんに援助の手を差しのべて、歌を聞かせているのは、子どもたちであることを知ってください。

夜、あなたが眠るとき、そしてまわりの人工的な物音がなく静かなとき、ハートで聞こうとしてください。意図で私たちを呼んでください、そうすれば、私たちは応えます。愛した人たちの素晴らしい集まりに帰郷するように私たち全員を招いている歌を聞いてください。そうすれば、はっきりとその歌が聞こえるでしょう。そしてすぐに、その音が身近になり、目覚めている時間にも聞こえるようになるでしょう。

私たちと一緒に、そして私たちに向けて歌ってください。私たちが皆さんのことを歌うように、私たちのことを歌ってください。私たちの皆さんへの愛は境界を知らないので、私たちのハートはいつも皆さんのハートと遊んでいます。私たちは皆さんを愛しています。

進化の道で、ほとんどの人は
ハートが促すことを無視してきた。
だから以前は認識できたのに、
ハートが魂の偉大なる知性である
ということが分からない。
――セレスティア

第13章 青い竜・アンサラスが語る

アンサラスとオレリア・ルイーズの対話

やあ、こんにちは。私は青い竜のアンサラス。君と私は大昔からお互いを知っていて、我れわれのかつての友情は長い年月が経っても続いている。

一年程前に、私はプレアデスから地球に戻って来た。まだ君の現在の視力では私を見ることができないけれども、再び君のそばで時を過ごすためだ。そう、私がこの惑星から去ったのは十万年以上前で、竜が恐れられるようになり、狩りの対象になったときだ。この惑星上でほとんどの人が、自分の神聖な源とのつながりを失った時代だった。その時代はいわゆる意識の「下降」の第二の局面を迎えていて、人類はより深く物理的な密度と二元性の中へと入って行った。

はるか昔からこの惑星上で、君と私は良い友人関係を築いてきたことを知ってほしい。その頃、竜は君たちの文化や地球にとって、守護者および保護者として尊敬され、愛され、評価されていた。我れわれは長い間、レムリアでとても仲が良い友人同士だったので、私は今、もう一度、君への友情を深めるために、そして君たちにはまだ理解できない方法で、この惑星の変容に貢献するために戻って来た。君たちが人生でもっと多くの魔法と楽しみを受け取る手助けをしようと思っている。君はすぐに私の言っていることを理解しはじめるだろう。我れわれがかつて一緒に過ごしていた驚くべき時代の記憶と思い出と、かつて創造したとても愉快なことを、思い出そうとしてほしい。

君が想像するように、私は光の存在だ。今までとても長い間、五次元の意識の中で生きてきた。だからまだ内なる視力が開いていない人たちには、私は見えない。私は約九メートルの身長を維持している。翼を広げたら、翼の先から先まで測るには二五メートルの巻尺が必要だ。

レムリアの時代には、私は竜の一団の指導者として、君たちの宮殿と多くの驚異的な神殿を、忠実かつ優雅に守護していた。

レムリアの栄《は》えある時代の何十万年という間、すべての生命が完全に調和していたときには、我れわれ竜は生命への奉仕を楽しんでいた。我れわれの大きさにもかかわらず、人びとは我れわれを怖がらなかった。また子どもたちは一緒に遊ぶために、我れわれのところへ喜んでやって来た。彼らを大きな翼の間の安全なところに座らせて、そのままレムリア中をしょっちゅう飛んでいた。

オレリア、君も子どもたちのように私の翼の、骨と骨の間の安全なくぼみに座るのを楽しんで、一緒に母なる国の空に舞い上がり、猛スピードでずいぶん遠くまで飛んだものだった。君たちの現代社会の意識では、もし私が完全に三次元の物理的な固体であったとしても、そのような楽しみはとても危険で、あり得ないことだと思われるだろう。我れわれの時代には、恐れはこの惑星に存在しなかった。恐れがないとき、完全な安全が存在する。君はある場所から別の場所へ移動するために、私の体と飛行能力をよく使っていた。現代の言葉で言うと「個人用のタクシー」として私を使ったようなものだ。しかし、当時はそのような概念は存在しなかった。いつでもどこへでも君の行きたいところへ連れて行くのは、私にとっては完全に好意からで、喜びだった。友達二人が一緒に楽しむために飛んだのだから、それを相互の共同作業として考えてほしい。

また意識の低下以前の栄光の日々には、人びとは、現在のような完全な濃い密度の中には存在していなかったことも理解してほしい。ほとんどの人が活動したい内容に応じて、意志の力で自分の波動レベルを三次元と五次元の周波数の間で上下することが可能だった。

君と私が母なる国の空を飛びまわったときには、我れわれは二人とも周波数を五次元のレベルへと上げて、すっかり光の波動になっていた。だから落下する危険はまったくなかったし、そのとき我れわれは完全に自分たちの体をコントロールしていた。人間が体に統合してきた現在の密度という点から考えれば、いま竜の翼に乗って空を飛ぼうとしても、単に危険というだけでなく、まず不可能だろう。我れわれの時代の飛行では、瞬間移動や空中浮揚は常識で、当たり前のこととして行われていた。人びとは、自分たちの神聖な性質の一部だったそれらの能力と、永遠に楽しむという生まれつきの権利のない人生があるなんて考えもしなかった。

竜たちが他の次元へと去っていった頃、人類は、楽で優雅な生活を経験する能力をほとんど失っていた。

当時は普通だったことが、今日では魔法や恩寵だと考えられるだろう。その当時より前にあった恩寵は、生活の中で、しだいに過去の単なる記憶へとしぼんでいった。今日、もしこれらの真実が、再び人類にもたらされなければ、君たちの古代の記憶は、恐れと忘却の濃いカーテンの後ろに完全に隠される。今日、君たちは、古《いにしえ》の時代に行ったように、生活の中でこの魔法を再び現わす方法を知りたいと切望している。そして、この人生でアセンションを目指して、完全な悟りと自己理解を受け入れることを選んでいる人たちには、これらの贈り物は再び自分のものとなり、楽しめるだろう。この能力はとても長く奪われてきたので、かつて知っていた魔法が戻ったら、以前にも増して楽しいだろう。そして親愛なる者よ、今回は、君は二度とそれらの贈り物を当たり前だと思うこともなく、過去のように誤用もしないだろう。君は、神聖な性質から切り離された状態で、すべての生涯を経験してきた。その全部の生涯から得た理解は、これから先、君を前進させていくだろう。苦しみもがいてきた生涯は、単なる教えではできなかった方法で、このような理解を深めるだろう。経験はつまるところ、最高の教師だ。

私には君の考えが読めるよ。君のマインドが一時間に一六〇キロの猛スピードで走って行って、私に目の前で現われてもらうには、どこで何ができるかと考えている。わくわくしているのが分かる。少なくとも、大勢の人のように私を怖がっていない。これは私には嬉しいことだ。そうだね、時はまだ来ていないけれども、うまくいけば一年以内かそこらで、君に私の姿をはっきりと見せる機会をあげられるだろう。そうすれば君は肉眼で私を見て、私を思い起こすことができる。

この時期、私は雄大なシャスタ山の南側のとても高いところを住処《すみか》としてきた。その付近は静かなので、邪魔されずに住むことができる。私は誰にも見えないので、すべてがとても快適だ。実は、私がいま住んでいるところは、レムリア時代に多くの自由な時間を過ごして、楽しんでいた場所にとても近い。この山の四次元の面はこのうえなく美しく快適な場所だ。いつか、君の内なる視力がもっと開いたら、その場所を見て、目に映るすべてのものを楽しむだろう。君は二つの世界で生きはじめ、やがては三つの世界、そしてそれ以上の世界で生きることになる。

オレリア——竜たちがこの惑星を離れなければならなかったのは、何が原因ですか？　実際には何が起きたのですか？

アンサラス——我れわれは竜として、元素の領域を完全に自分のものにしている。つまり我れわれはかつても、そして今もなお、空気中で、陸上で、水中で、火の中でさえも、等しくくつろいでいるということだ。

もし地球の歴史を振り返るとしたら、ほとんどの文化が少なくとも物語や神話の中で、竜についてさまざまに言及していることが分かるだろう。私はここで謙遜したいのだが、事実を言わねばならない。竜は美しく、力強く、威厳があった。それは人間の多くが愛と神聖な源とのつながりから離れたために、我れわれを妬《ねた》むようになって、傲慢な精神で我れわれを支配下に置こうと決めたほどだ。大勢の人が我れわれを所有してコントロールし、好きなように使えると考えたのだよ。

当時、地上には竜の知性と慈愛、強さ、美しさに匹敵する存在はほとんどいなかった。おそらく、美しく

穏やかな一角獣（ユニコーン）だけだったろう。

竜は自由をすごく愛していて、その当時でさえ偉大な霊的マスターの域に達していたので、原始的な人間の意志の奴隷に屈するつもりはまったくなかった。そう、私は原始的と言ったが、これが我れわれに起こったことだ。

竜は元素のマスターだったので、他の場所へ移動できる魔法を持っていると信じられていた。人間と竜は何十万年も、お互いを愛して協力してきたのに、ほとんど一夜にして敵対するようになった。もちろん、すべての人間ではなくて、君は、できるかぎり竜を保護するために全力を尽くそうと努めてくれた。君は秘かに食糧や隠れ場所、避難場所を我れわれの多くに提供した人たちの一人だった。（一般に神話上で信じられているのとは逆に、竜は菜食だった）。避難場所のお礼に、竜は恩人とその仲間を保護し、彼らと親交を結んだ。当時の君は有力な地位にいたので、竜の虐殺と奴隷化をやめさせるために、できることはすべて行ったが、人びとの無知に歯止めをかけて、自由意志に干渉することは確実にはできなかった。このことが当時、そしてその後も、とても長く君を悲しませたことを私は覚えている。

あるとき人間は、竜の魔法の元は血に違いないと決めつけた。我れわれがたいへん強く、長生きだったからだ。そのときから、見つけようものならすべての竜を殺戮しようと、竜の血を求めて狩りが始まった。人間が敵視してきた相手は、今や人間にとって本当の敵と化した。多くの竜は滅び、残った竜の大半は、世界の辺鄙な地に避難場所を探した。かつて我れわれは社交的と言われたのに、虐殺者から隠れようとしたことによって、孤独な生き物というイメージに変わってしまった。新しい住処は極端な気温で、我れわれの皮膚の色とその外見を変化させた。最終的に生き残った竜は、当時の銀河の霊的階層からプレアデスへ移り住むよう招待された。これが、より友好的な惑星を探して、私が地球を離れる選択をしたときの話だ。殺されなかった竜の多くはプレアデスへ行くことを選んだが、それ以外は別の惑星を選択した。

もともと竜の皮膚は象に似た感じで、緑がかった灰色だった。元素をコントロールする能力によって、君が挿絵や図解で見たことのある、鱗《うろこ》状の爬虫類のような皮膚へと進化した。皮膚の色は、新しい住処の地理的条件と結びついてきたので、青い竜や緑の竜、赤い竜さえ目撃されたとしても珍しいことではない。

竜はもはや人間を信用できなくなり、人間から距離を置きつづけた。その膨大な数は減りつづけて、大変少なくなった。どの世界でこのような損失を受けても、必ず全王国にわたってその損失が感じられるが、この場合も例外ではない。人間が間違った行いを理解したのは、あまりにも遅すぎた。

地球のレイ・ライン（訳注16＝先史時代の遺跡を結ぶとされている道）が交差する場所が多く存在している。これらの場所のいくつかは、一つの世界を別の世界へと接続させる。君は「ベールや霧が上がる」という表現を聞いたことがあるかもしれない。ある時にある場所で、文字通り別の世界や並行世界へ渡ることは、まさに実行可能なことだ。地球を去らなかった竜のほとんどは、これらの出入り口へ向かった。だから彼らは今、地球で平和に生きているが、別の世界や次元にいるので三次元からは見えない。

まだ少数の竜が、君たちの世界に存在している。

彼らは人里離れた洞窟やくぼみに住んでいる。とどまることを選んだ竜たちは、すべての存在とすべての種が大きな兄弟で、ある種が他の種より劣っても優れてもいないという真実に、人類が目覚めるのを辛抱強く待っている。その間にも、彼らのエネルギーは元素的なバランスがとても良いので、惑星を大いに癒している。彼らにとって幸いなことに、あまり目撃されたことがないうえに、ほとんどの目撃談も信じられていない。

この時期、多くの竜がこの惑星と人類が元素とのバランスを回復させるのを手伝うために、戻って来ている。このような支援とバランスがなければ、惑星の元素的な力に大きな混乱をきたすことなく、地球と人類が必要条件を備えて高次元へと移行することはできないだろう。もちろん、我れわれの多くはここで物理的に存在している。しかし、五次元の光の領域の周波数で振動しているので、君たちの視力では見えない。このおかげで、我れわれは平和に働くことができて、人間に見られて邪魔されることもない。この惑星の九九パーセント以上の人びとは、もし我れわれが突然見えて、それも数が多かったら、たいへん怖がるだろう。そうなれば我れわれは、再び迫害されるようになるだろう。

また我れわれは、この惑星の人間が神聖な性質のさまざまな面と再びつながる時が来ることも、その時がそれほど遠くないことも知っている。人間は、感覚のある存在のすべてが、神の創造の平等なさまざまな面であると再び気づくだろう。そしてここで生きているすべての存在の間を、愛と真の兄弟愛が統治するとき、我れわれは再び、すべての人に見えるようになる。

オレリア――私はハートの中で、地球が再び平和な惑星になるときをとても深く切望しています。感覚のある存在のすべてと一緒に、愛と真の兄弟愛を、自然な生き方として経験することを熱望しています。人間の苦しみと動物の虐待が終わるのを見たいと強く願っています。私が話しているように、この惑星の至るところで無感覚の人間に捨てられて、虐待される動物が山のように存在しています。ですから、このようなことを知ると私のハートはとても痛みます。

アンサラス――私には君の愛も分かるし、君のハートも分かる。また、君が感覚のある存在のすべてを、つまり動物・自然・元素の全王国のすべての存在をどんなに愛しているかも知っている。また、君が私を見ても怖がらないだろうということも分かっている。なぜかというと、ハートが開いているからね。だから、君の内なる視力がもう少し開いたら、すぐに君に姿を見せてあげよう。私は君より高い周波数に存在しているけれども、私はその周波数でもとても物理的だ。私を見れば、君にも私が物理的なことが分かるだろう。はっきり見えるように十分波動を下げるから、私に触れて感じられるといいね。

オレリア――私は、散歩中にあなたに会って驚くところをいつも思い浮かべているのですが、そこはとても特別な場所です。私たちが会うのにとても安全です。誰も絶対に私たちを見ることもなくて、何も期待されないと思います。どう思いますか？

アンサラス――ああ、私は君の考えを読めるから、どんな場所について考えているのか、それに君がそこへ頻繁に行っていることも分かっているよ。時々、そこへ一緒について行ったこともある。とくに君が一人のときにね。君は私がいることには気づいていないが、私は君に愛と保護を送っている。そこへ行くと時々、地面の上で眠り込むことに気がついているかな？

オレリア――はい。

アンサラス――ほら、それが魔法だ。君が横になって眠りはじめると、君のスピリットが体から離れて、我れわれは意識的にエーテル的なおしゃべりをするんだ。アダマとアーナーマーもよく加わって、肉体が眠っている間に、皆で君の肉体のエネルギー・フィールドに働きかけているのだよ。

オレリア――そこで眠ってしまったあとは、いつもとても気分がいいことは分かっています。森の中でアダマとアーナーマーが私と一緒に歩いているのには気がついていますが、そのうえ、あなたもしょっちゅう一緒にいるとは知りませんでした。ということは、あなたは彼らをよく知っているのですか？

アンサラス――もちろん、アダマとアーナーマーはレムリア時代には君の家族だったから、彼らも私の親友だ。私は君の子どもたちも含めて、君たち全員を守っていた。

オレリア――あなたが山の内部のテロスへ行ったのですか、それともアダマとアーナーマーが山の外であなたと会ったのですか？

アンサラス――まあ、両方だね。私が約一年前にこの山に初めて戻ったとき、アダマとテレパシーで会話することに決めていたので、彼は私に挨拶し、私が戻ったのを歓迎するためにアーナーマーと他の数人と一緒に出て来た。もちろん、これは五次元の光の体でなされたことだ。また私たちは時々、プレアデスでも会っていた。アダマはとても頻繁にそこへ行っている。私がまだプレアデスにいる頃、アダマは私が戻ることを知って、君がこの山に再び戻ったことを教えに来た。そして彼らがやがて地上に出現する道を準備するために、地上に彼らの教えをもたらすために、彼らは君ともっと意識的に働いていくと話してくれた。

また私に、この山の内部に来るように勧められ、それでここへ来た。私は人間と比べてとても背が高い。山の内部の人たちは地上の君たちよりはるかに背が高いが、その彼らと比べても、まだかなり高い。山の内部には、我れわれよりも背の高い者や、我れわれのような光の存在を受け入れるために、特別にデザインされた場所がある。だから我れわれはさまざまな体形をした他の存在と会うことができる。戻って来た竜たちの多くはレムリア人や他の地下都市の存在とも会った。彼らも我れわれを内部へ招待して、我れわれの地球への帰還に対して、とても心のこもった歓迎会を開いてくれた。心からの温かい出迎えを受けて、我れわれは皆とても感動したよ。我れわれはレムリア人とはとても親密な共感的な関係《ラポール》を築いている。知っていると思うが、すべての光の宇宙の兄弟が、君たちのような人間の姿をしているわけではない。しかし、地球内部の存在は、そのすべての存在ととても親しくしている。宇宙の兄弟《スペースブラザー》たちは、あらゆる姿・形・色をしている。昆虫のような体を持つ者もいるし、君たちが途方もない想像をしたとしても、とうてい思いも及ばないような姿の者も多い。

オレリア――そのことは知っています。そのような情報を何かで読みました。私は路上で大きな昆虫のような姿の光の存在に会っても怖がらないと思いますが、絶対とまでは言い切れません。以前、ある女性に会いました。二、三年前のことです。彼女は、星から来た存在と会ったと話してくれました。その存在は、三メートル六〇センチほどの身長で、「かまきり」と呼ばれている昆虫に似た体だったそうです。彼女は、そのような存在と会ったら怖いだろうと思っていたのに、その存在から発せられる愛の波動がとても強烈だったので、怖がる余地がどこにもなかったと言いました。彼女は少しも怖いと思わずに、彼と会うことができました。その存在と多次元でつながったように思えます。彼女は何も言いませんでしたけど、おそらく彼は彼女の魂の家族なのでしょうね。

あなたは地球に長くとどまる予定ですか？　それとも、プレアデスに帰る予定ですか？

アンサラス――まだ決めていない。少なくとも、この惑星の変化の主な期間はここにとどまろうと思っているが、それは数百年ぐらいだろう。だが、おそらくもっと長くここにとどまって、この惑星上の生命に再び奉仕すると思う。

オレリア――先日、透視能力のある友人がこの山の上空で時々、猛スピードで、それもとても優雅に、巨大な青い竜が飛んでいるのを見ると私に言いました。大天使ラファエルが彼女に「それはオレリアの竜だ」

と教えたそうです。きっとあなたのことですね。（笑い！）

アンサラス――確かに私だ。私は彼女をよく知っていて、君たちが友達であることも知っている。だから、この素晴らしい地域の上空を飛ぶときに時々、彼女に私の姿を見せている。彼女が君に私の存在を請け合ってくれて嬉しいよ。君の内なる視力がもう少し開いたら、君もまたこの山の周辺の空でかなりたくさんのものを見るだろうね。私は、君が知覚できる多くの魅力あるもののうちの一つにすぎない。内なる視力で見るのは、とても興味深くて驚異的だろう。君の「私という実在」は現時点で内なる視力を開くことをためらっているようだ。君が「新しいおもちゃ」や新しい視力にとても魅了されて、使命を投げ出しかねないという問題があるからだ。君は他の次元で楽しむことをそのくらい熱望しているので、いったん内なる視力が開いたら、新しい知覚とその荘厳な雰囲気を楽しむのに、すべての時間を注ぎ込みたいと思うかもしれない。そうなれば日常生活の雑用と使命に興味を失うようなものだ。

オレリア――友人のジェシカも同じように、あなたと物理的に会うという考えにとても興奮しています。私はあなたについて知っていることを話しました。私たちはいつか、きっとこうなると思っています。私たち二人が森の私の「特別な場所」へ一緒に散歩していて、ある日、あなたに会うと期待している場所を掃除しようと、その手前の角を曲がります。すると、あなたが私たちの反応を待ちながら、たぶんハートの中で笑いながら草の上に静かに寝そべっているのが目に飛び込んできて、私たち二人は驚く、というわけです。

アンサラス――まったく君は、すべて分かっていたいんだね。私は竜だ、だからどんなやり方にも、姿や形にも縛られない。言っておくが、他の方法で君たちを驚かせるかもしれないし、一角獣を見たいと思って君がよく行く他の場所でもそうできる。言わせてもらうと一角獣は、君が彼らを見たがっているのを知っているので、もし彼らが来年の夏に君に姿を見せようと思ったとしても、私は驚かないよ。

オレリア――あなたは多くの竜が戻って来たと言いました。彼らは地球と人類に対して、レムリア時代と同じような奉仕をするつもりですか？　それとも何か他のことをするつもりですか？

アンサラス――この十万年間でこの惑星上では、物事が変化してきた。そしてもうすぐ極めて劇的に、再び変わるだろう。決して誰も戻ることはできない。そのうえ、すべてのことが絶え間なく変わっているので、長期間、同じままでいられるものは何もない。我れわれの生命への奉仕は今回は違ったものになるが、それは現在の進化の段階には適切だろう。同じであるはずがない。だいたいは、少なくともかなり長期間は、我れわれの生命への奉仕は、母なる地球と人類が、自分たちの内側で再び、四大元素のバランスをとるのを助けることと、それからまた身につける必要のある他の多くの元素について教えることだろうと認識している。各個人が元素をもっと自分のものにすると、それはまた地球を安定して助けることにもなる。分離しているものは何もない。すべてのものは、この惑星で再び完全な調和を達成するために、一緒に働かねばならない。一つの種としての君たちは、進化の土台を提供してくれた母なる惑星に対して、とても破壊的で思いやりがなかった。君たちの惑星は大きな変化の時に近づいているので、彼女が安全に通るために、全部の元素のバランスがとれていることが絶対に不可欠だ。

我れわれは、より大きな統一感と人生の全局面からのより大きな愛と理解をもって、完全な調和の中に生きて協力するために、昔より進化したやり方でこの惑星と人類に奉仕するだろう。

このへんで失礼して、別れを告げることにしよう。君が夢を見るときに、また会おう。私の助けが必要なときには、いつでも私を呼びなさい。私は決して君から遠く離れていないので、昔のように、いつでも君を助ける用意ができていることを覚えているように。

オレリア――親愛なる友よ、あなたの愛と帰還に感謝します！　あなたが近くにいることが分かって、とても安心しました。私はあなたを愛しています。

第14章　脳下垂体と松果体

セレスティアとアーナーマー

最愛の友人と家族である皆さんに挨拶いたします。

数々の移行が人体で起こりはじめていますが、それらは複合的なものです。移行は人間の仕組みを組み立て直すことに等しく、人間の体内のエネルギーの基盤が、今まで保っていた量よりもはるかに多くのエネルギーを支える必要があることを示しています。多くの銀河から多数のチームが来ていて、人間の仕組みを修正し再構築するために、人間の仕組みに働きかけています。

これらの再構築は無意識の場合もありますが、意識的に人類が自分に力を与える形で始まっています。意識的に自分の変容を意図してきた人たちにとって、これらの変化はかなり大きなものです。しかし人類全体も、惑星地球が変容していくにつれて、地球的規模で変容しはじめています。現在と未来の世代の子どもたちは、すでに転生する時点で、ＤＮＡと器官、骨格の構造が修正されています。

全部の器官と体の全プロセスは、この時期に再編成しはじめています。肉体の血流と血液成分でさえも変わりはじめています。この再編には二つの構成要素があります。一つ目は、個人の細胞レベルに関するもので、細胞の核が神性の最高レベル、つまり神なる自己と再び結合することです。二つ目は、各細胞のエネルギー的な基盤がますます増える純粋なエネルギーを体に統合させるために、高次のクリスタルの形態に適応することです。

最初に肉体的構造が神性を直に体験しなければ、肉体的構造は進化できません。非常に長い間、三次元の肉体は神聖な愛の完全な周波数域から離れてきましたが、その長い分離は終わりました。いま始まりつつある変容のプロセスは、神聖な局面を含まなければなりません。そうでなければ神聖な恩寵を通して、宇宙からの変更がなされるはずがありません。

力を与える初期段階においては、脳下垂体と松果体が重要な役割を果たします。長い間、神性と分離していた人間の体の中で、松果体という器官は直観とすべてを分かっているという感覚を司ってきました。

エーテル界とつながってきたのは、脳下垂体を通してです。

けれども、五次元以上に存在する共同体においては、松果体の方がよりいっそう大きな役割を果たしています。ちょうど喉のチャクラが、三次元の体で声帯を使ってその役割を果たしてきたのと同じように、松果体は実際には、精神的なテレパシーによる伝達器官です。

三次元の人間の中には、とても高度に発達した松果体を持つ人が、多数存在してきました。その中には、初期の形而上の文学や神秘学校で、チャネラーやサイキックの座を占めてきた人たちがいます。現在、地球には感覚のある他の種、すなわちイルカやクジラも存在していますが、彼らは松果体を使ってやりとりしています。

現在、世界中で松果体を使うワークが始められていて、地上のすべての人間が他の人間や他の領域との、直観や非言語のコンタクトが増えているのを経験しはじめています。このことで混乱している人もいますが、祈りの答えとして受け取っている人もいます。すべての人にとって、この移行で焦点を当てるべき最も重要なことは、自分の全体性とさまざまな記憶媒体への接続です。つまり、自分の全体性と、この惑星のエーテル領域に存在するアカシック・レコードや生きている図書館のようなさまざまな記憶媒体に、いま容易につながることが可能だということです。実のところ、チャネラーやサイキックという言葉はすぐに存在しなくなるでしょう。すべての人が全領域とやりとりできて、つながる能力を持つようになるからです。チャネラーなどによる奉仕が人類の霊的な目覚めに大きく貢献してきたので、光のための真のチャネラーとして人類に進んで奉仕してきた人たちに、私たちは感謝しています。

このような奉仕は、ここ数十年で増えてきました。それはまた、眠っている人類のために道を照らす灯台にたとえられます。それでもなお私たちはこの奉仕を、人類の霊的目覚めの一時的な段階にすぎないと見ています。すべての人が自分自身の「灯台」の現われとなって、ハートの内側にすでに備わっている技術や才能を開花させなければならない時が、すぐにやって来ます。数年後には、肉体を持ったままで、この惑星上にとどまる人たちは皆、完全にテレパシーを使うようになって、これまで人類を手助けしてきたチャネラーとは違うやり方で奉仕を続けるでしょう。

この松果体の活性化に対してバランスをとるのは、ハート・チャクラ内部の聖なるハートの拡大です。松果体と聖なるハートは一緒に働くので、松果体の活性化は神の恩寵の波動に進めます。他人の神聖さへの愛・思いやり・真の尊敬というバランスがなければ、増加した情報量は人間の自我《エゴ》によって操作され、進化の方向が再び阻まれてしまうでしょう。言語を使わずにやりとりするすべての文化では、最高の意図は完全に支援され、全体にとっての最善のためでなければなりません。対人関係では、最高のレベルで相手を育み、真実を語ることが必要とされます。また、意思疎通において本心を包み隠さず、効率よくするために、すべての人が個人のハートのプライバシーを尊重しなければなりません。

松果体で受け取った情報は、ハートに内在するすべてを分かっているという感覚で、必ず確認しなければなりません。このようにして真のマインドは真のハートに仕え、そしてこの惑星上での友好関係と神の恩寵のための機会がつくり出されます。

松果体は人体の進化において、もう一つ役割を持っています。二元性と分離を学んでいる間、人間の内分泌系は、いつも多くの制限を貯蔵してきました。実際に自己免疫疾患の原因は、多くの魂が分離感から経験してきた長期的な悲しみに直接、関係しています。しかし松果体は今、その制限から解放されはじめているので、肉体はそのエネルギーを最大限まで再生し、修復することができるでしょう。

またそのうえに、意識的な意図のエネルギーは、これらの変化のための出発点を与えます。人体の強化された器官は、個人の意識から告げられるときに最も力強く反応しつづけるでしょう。人間の仕組みは入り組んでいるので、この点において、脳下垂体と松果体は他の器官と分離した状態を保てません。体の器官のすべてを解毒し養うために、個人ごとに多くのワークが必要です。

各個人にとって何をするのが最高かを判断するために、器官の元素とやりとりする方法は推薦できます。エネルギーの専門家やヒーラー、ボディーワーカーとの相談も、お勧めできるものです。エネルギーを扱う新しい手段が多く存在していて、いま地上へ向かっています。そのすべてが、バランスの崩れた肉体・精神・感情の扱い方を変えるでしょう。これらの手段を探し出し、利用してください。なぜかというと、今はすべての人が最も深いレベルで、人体という真の贈り物を認識しはじめるときだからです。体を神性の神殿として言及している皆さんの古代の文献は正確でした。あなたが意識的に体の癒しと変容に参加することは、自分が住みたい体をつくるようにするということです。

スピリットの神聖な貯蔵庫として体を愛することは、スピリットの完全性を愛することとまったく同じように重要です。

このようなことが世界的規模で行われるときにのみ、食料資源と地球の癒しの様式が、皆さんが望むように変化するでしょう。今でさえ、癒しと再建にとても役立つ手段と物質が、主流の市場と意識に入りはじめています。皆さんの前に現われる新しい癒しの形式を信頼することが、これらのものを支えつづけることであり、皆さんにできることです。その新しい癒しの形式は惑星中で、このような移行を起こすことになるでしょう。

皆さんが望み、未来に描く若返りと古いものの癒しという驚異的な神殿は、実は今ここにあります。今もなお、その驚異を最初につくってデザインした意識の中に存在しています。他の時代に、それらの神殿を経験した人たちのエネルギー上の記憶の中に存在しています。三次元においては破壊されてしまったかもしれませんが、今もなお高次元には完全に存在し、当初の意図と目的の可能性の中で何度も強化されてきています。ですから、皆さんはそれほど苦もなく、金銭的な出費もなく、いつでもそのエネルギーを利用することができます。あなたがする必要のあることは、マインドを静めてハートを開き、そして自分の癒しのためにそれらのエネルギーとつながって体験するという意図を設定するだけです。そしてそのプロセスが起きるのに任せてください。あなたが毎日、これらのエネルギーを吸い込み、体へ吹き込む時間をできるだけ長く取るようにするとプロセスは開始され、あなたは驚くべき結果を見ることになるでしょう。

意図の力を使うことと神聖な恩寵へゆだねることを一緒に行うだけで、これらのエネルギーをいつでもオーリック・フィールド（訳注7＝生体の周囲に広がる電磁場）に引きつけることができます。それらのエネルギーが与える恩恵は、現在に再現されるはずです。その形は元のものを正確には映し出していないかもしれませんが、エネルギーは同じです。クリスタルが基盤のコンピューターは、クリスタルの神殿に取って代わるかもしれませんが、その能力は同じです。

これらの手段とヒーラーをあなたの中で認識し、現在の在り方のままで支えてください。将来、あなたはこれらの神殿を再建したくなるかもしれません。しかし最初に、古代の手段を現在の在り方で認めなければ、そして今日のあなたという存在を十二分に認めなければ、これらの潜在的な可能性は現われることはできません。楽園はこの惑星で今あなたのまわりに存在しています。それはほんのわずかしか見えないかもしれませんが、この楽園を創るために働きはじめている人たちがいます。彼ら全員に、真の認識を与えてください。そうすれば、あなたは地球の楽園の可能性を支援することになります。過ぎ去ったことについて苦しんでいてはいけません。その代わりに、再び現われはじめていることを祝福してください。

自分自身に寛容でいてください。あなた以上にあなたを愛することができる人など、他に誰がいるというのですか?

第15章　共同体の精神

セレスティア

（セレスティアはテロスの年長者で、高等評議会の相談役。彼女はアダマの姉妹でもあり、テロスの子どもたちと一緒に働くことが多く、子どもたちと年長者との交流を取り持っている）

親愛なる皆さん、お帰りなさい！　皆さん全員が戻って来ました。皆さんが全員、ここに集まっているのを見るのはとても素晴らしいことです。私たちの目に涙が浮かんできます。私たちには光の体の完全な輝きと三次元の肉体の美しさ、その両方の中にいる皆さんが見えます。

またすぐに目覚めて、本当の自分という真実へ戻りはじめる人も、とても多く存在しています。皆さんは私たちのエネルギーの内部で集まっていますが、この集まりの光が地上の隅々の暗闇の中でさえ見えるようになるまで、こうした集まりはますます大規模に、そして大人数になるでしょう。

私たちはとても長い間、シャスタ山のここで、そのためのスペースとエネルギーを保ってきました。皆さんのかなり大勢が、この地域の地下テロスと地上の両方で、何度も生涯を送り、そのエネルギーを保つのを助けてきました。私がお話しするように、今晩この集いに出席しているほとんどの人の別の面が、つまり総体としてのあなたの一部が、この山の内部や地球内部の他の都市に住んでいます。ですから私たちにとっては、いま転生して肉体を持っている皆さんを見ることは、計り知れないほど素晴らしいことです。なぜなら皆さんは、この惑星上で必要とされた大きな移行を引き起こしている人たちだからです。

テロスと地球の至るところにあるレムリアの都市の子どもたちを、いま皆さんに紹介したいと思います。彼らは、皆さんと意識的につながることを熱心に待ち望んできました。なぜかというと、彼らは遊ぶことについて皆さんに教えたがっているからです。もう一度、皆さんに楽しみ方を話したいと心から望んでいます。あなたの旅の大部分は、いま再びハートを開いて、子どものようにあなたに喜びをもたらすことを再発見することです。地上の世界で創って経験したい楽園を、想像を広げて十分に心に描くことがいま極めて重要です。あなたが心に描くことから、あなたのまわりの世界を再びつくる方法を教えるために、子どもたちはハートを開いてここにいます。

テロスの子どもたちは喜んでガイドとなって、あなたの道を照らしたいと思っています。

皆さんは今すぐに、彼らとつながることができます。彼らは「遊び場」への使者となることを志願したので、皆さんが望むかぎり長く、皆さんと一緒にいるでしょう。彼らとハートから交流しはじめるだけでいいのです。彼らはあなたの夢の時間に来るかもしれません。また、ちょうど今、彼らがあなたのまわりにいるのをあなたは認識するかもしれません。開かれた視力を持つ多くの人たちがすぐに発見するように、テロスの子どもたちは地上の子どもたちとは寿命がまったく違います。皆さんと遊びに来る子どもは、皆さんの言い方では二百歳かもしれません。もしあなたに見える遊び仲間の姿が予想とは違っても、驚かないでください。

あなたの内なる視力が見せる姿を信頼してください。また、テロスの子どもたちから聞こえてくるメッセージを信頼してください。子どもたちがここで再び紹介するのは、あなたが閉じてきたかもしれない自分の一部と、どんな望みでも叶える想像という魔法、そしてそれが本当に現実的なことだとあなたに知らせることです。想像力は創造のための仕組みで、それは地上で多くの言語が定義しているような非現実的なものではありません。皆さんがいま再び発見しはじめているのは、本物の想像力とはどのようなものであり得るか、そして心に抱く思考や感情によって、どの程度まで驚異や困難な挑戦を人生につくることができるかということです。

テロスでは、私たちは望むものを想像することによって創造します。そのとき、私たちはエネルギー上で、想像した内容を明確に実現する可能性を示しています。

想像力は現実化の鍵です。ですから私たちは、想像内容やインスピレーションが現実になるまで、神性の男性的なインスピレーションと女性エネルギーを混ぜます。そのとき女性エネルギーは、インスピレーションや想像内容を育てて保つ役割をします。地上に転生した人たちが意識上で、神聖な女性性をもっと受け入れると、現実化のこれらの原則が再びはっきりと理解できるようになるでしょう。地球で子育てをしている魂が再び評価されて、自然と社会の中で自分を再び確立させると、神性の真のインスピレーションが共同体を築くことによって、日々の生活で一体感の中に現われてくるでしょう。

テロスにいる皆さんの家族である私たちと一緒に探究し、再び私たちとつながることによって、あなたはいま真の共同体の概念へと再び目覚めはじめています。シャスタ山やこの惑星の他のどの領域でも、誰かがワークや遊び、学び、瞑想のために来るときにはいつでも、共同体の精神を形成しています。これらの共同体は一時的な事象のように見えるかもしれませんが、そうではありません。

それぞれの集まりから生成されるエネルギーは、他の似たような集まりのエネルギーとつながって、時空を超えて、より大きな共同体がエネルギー的に形成されます。参加している魂の間に、これらのつながりがつくられると、そのときこの共同体のエネルギーは、さらに多くの人が参加する通路を照らします。

テロスで私たちが持っている根本的な概念の枠組みは、全面的に協力することと資源を完全に共有することです。私たちはすべての人が世話をされるように時間とエネルギーを分かち合うので、それが実現しています。やがて、これはとても重要な原則として、地上の社会や政府に採用されることになるでしょう。皆さんがエネルギーの調和のとれた集団として、テロス風の共同体を示して暮らしはじめることができるのは、このようなやり方をするときです。

この国では、新しい社会の生活様式がすでに発展しはじめていて、多くの人が今、共同体の真の約束と理想へと目覚めつつあります。さらに大勢の人が、新しいアイディアと生き方が意識に芽生えているのを感じはじめています。これは最も重要なステップの一つで、この波動を地上にもたらし、この惑星を新しい全体的なレベルに向かわせるために必要なものです。

テロスで私たちを支えている五次元の波動は、ハートの共同体のためのエネルギーです。

私たちは住みたい世界をつくるために必要なステップを踏んできたので、今ガイドとなって、そのやり方を皆さんに教えましょう。ハートの共同体は、すべての人が完全な調和と共鳴している場所です。どんな要求も不足もテレパシーで伝えられ、それから全体としての共同体によって満たされます。全住民のハートのエネルギーである、慈愛と養う波動が常にあるので、欠乏も苦痛も存在しない共同体です。皆さんにお話ししたいのはこのような概念です。皆さんは、すでにシャスタ山でこのことをある程度まで経験しています。シャスタ山では、とても多くの人がまわりの人たちと多くのレベルで分かち合っています。大きな必要性が生じて、それも多くの人が必要とするとき、負担を分かち合うために参加する人が大勢います。

あなたのすべての面とハートのすべての面の中で、意識を真の共同体の概念へと大きく広げて、あなたを愛している存在たちに囲まれていることを知ってください。意識の上では、まだ全員は分からないかもしれませんが、あなたは彼らを認識しはじめています。あなたは今、あなたがコンタクトすることになるすべての存在とそのレベルでつながり、共同体をつくりはじめています。

テロスで私が貢献していることの一環として、潜在的な可能性に取り組むことが挙げられます。少し説明しましょう。二年後には、いくつかの共同体がシャスタ山周辺で形成される予定です。これらの共同体は、この惑星の他の共同体へお手本を示す役割を果たすために集まるでしょう。彼らは真の兄弟愛の精神と思いやりを持ち、協力して、どのように生活を送ることができるかという実例を示すでしょう。

地球内部の都市から私たちが出現して、私たちと皆さんの生活を調和させる道を準備するために、この惑星上ではすでにいろいろなことが開始されてきました。一つのポータルがシャスタ山付近を含む合衆国西部の多くの州を包含しながら、ここ数カ月で開きはじめてきました。最初に出現した、地球内部の存在が彼らの波動を通して、やがて他の存在が出て来る通路をつくりはじめていますが、それはこのポータルを使っています。

テロスに直接関係しているシャスタ山の地域で、整えはじめられている通路がいくつか存在します。スターゲートの中には、この山の周辺ですでに最大限に使われているものもありますが、もちろん再活性化の最初の段階にあるものも存在します。これらのゲートのエネルギーを、エーテル的に維持している人たちがいます。彼らはその門番《ゲートキーパー》の役割に目覚めつつあり、皆さんの次元で多くの人が協力しはじめています。

この仕事はいつも多次元的に遂行されてきましたが、皆さんに気づかれないように隠されてきました。また多くの人が今までこのような霊的な仕事を無視してきました。もうすぐ、この仕事は世界中で認識されるようになります。そうすると、今まで無視してきたまわりの多くの人が、まもなく、あなたが現時点では想像もできない役割に進み出るでしょう。

私たちがこの話をするのは、ただ皆さんが先へ旅するのを励ましたいからです。来るべきこれらの驚異を話すことが、皆さんに希望をもたらすことを知っているからです。この新しい気づきの中で生活を送り、このような希望とハートを持って、進化を経験するように依頼します。なぜかというと、潜在的な奇跡は、皆さんのまわり中に存在しているからです。潜在的な奇跡に対して心を開くかどうかはあなた次第です。もし皆さんの一人ひとりが見知らぬ人に話しかけるとして、私たちにしているのと同じようにその人にハートを開くなら、地上の共同体はとても早く生まれるでしょう。このようなハートからの分かち合いは、それぞれがまた別のハートとつながって、この惑星中の市民と隣人たちの間に広がるでしょう。そうなれば、なんと素晴らしいでしょうか！

二人の魂が誠実に、自発的に真実を語ることによってお互いを育むことができるとき、真の親密さが生じます。

相手に自分自身を包み隠さず見せることを恐れないでください。というのは、大いなる目覚めと変容のこの期間中、避けられることは何もないからです。制限以外には、進化の道であなたを本当に妨げることのできるものは何も存在しません。ためらわずに魂の深みへの扉を開けて、あなたの経験と感情の完全さを探求してください。そして愛ある協力的なやり方で、その同じスペースを他の人のために保ってください。あなたが望む高次の波動に入り、ハートの共同体を形成することが可能になる前に、多くの浄化、すなわち、きれいにしなければならない作業がたくさん存在します。

二人から共同体をつくりはじめてください。以前にはなかったようなやり方でお互いを信頼し、手を伸ばしてください。お互いがそれぞれ旅してきた、とても素晴らしい魂の道の証人になってください。お互いに自分をこのような方法で開くことができるときにのみ、ハートと魂の共同体の内部の結びつきを、ますます強化することができるようになります。

いつでも私たちに依頼してください。私たちは判断や条件を持たずに皆さんの話を聞きます。私たちの住んでいるこの波動を共有するように、完全にハートを開いて意図を設定してください。そうすると、あなたはその波動を日常で経験しはじめることができます。日々の活動でこの波動をもっと認識し、統合するほど、地上の波動がますます早く上がるでしょう。私たちはいつでも皆さんのためにそこにいます。私たちに、皆さんのそばにいるようにと、どうか依頼してください。私たちからは、あまり強く働きかけることはできないからです。そしてとても大切なことですが、新しいエネルギーを楽しんでください。日増しにあなたの魂そのものと惑星を変容している、この新しい波動を楽しんでください。楽しむことが、今やっと再発見されはじめている魔法に加わって、このプロセスを早めるでしょう。

テロスの子どもたちに、一緒に遊びに来るように頼んでください。彼らとつながり、存在するという単純な行為の中で、楽しみと喜びについて持つ生まれつきの感覚を分かち合ってもらうように、彼らに頼んでください。最も暗い状態で、葛藤が大きすぎて耐えられないように思われるとき、このようなときが、彼らを最も必要とするときです。彼らの喜びや遊び心、まわりの世界に対する創造的かつ想像的な見方は、あなたの内側に住む魔法の子どもに向かって、再びハートを開くでしょう。彼らには笑い声とクスクス笑い、冗談があります。彼らの目を覗き込み、自分自身から絶望の残りを一掃してください。他には何も効果がないようなときに、彼らはあなたを元気づけるでしょう。彼らは小さな子どもたちの集団を連れて来て、あなたの家でパーティーを開くでしょう。

子どもたちは、地上という三次元の現実であなたが経験していることについて、より深く理解するためにも、あなたを訪れたいと思っています。これは彼らの教育の一部です。ですから、彼らは学校教育のまさに必要な一環として、あなたと会うことを喜んで志願してきています。

私たちは言葉では言い表わせないほど、皆さんを愛しています。あらためて、最愛の友人たち、お帰りなさい。

母なる地球の愛と
彼女が私たちの苦痛に
耐えようとする気持ちが、
毎日毎日、旅を続ける力を
私たちに与えてくれる。

——アンジェリーナ

第16章 レムリアの使者よ、古代の記憶を呼び覚ませ

ハイラム、テロスの科学団体の一員

最愛なる友人たち、こんにちは。私はハイラムです。

この言葉を読んでいるすべての人がテロスとのつながりを持っています。皆さんは全員レムリアで生きていたことがあり、今その生涯で一緒だった兄弟姉妹に囲まれています。いつでも可能なときに集まって、その頃の記憶を探ることを皆さん全員に依頼します。あなたの昔の記憶を呼び覚ますために、情報を求めて収集することをお勧めします。過去と現在のつながりを求めてお互いに、そして私たちにも、あなたのエネルギーを送り出すようお願いします。内なる気づきを開いて、高次のマインドの中で私たちに話しかけてください。それからハートの奥深くで、その答えを聞いてください。

当時のあなたと今のあなたについて、自分の感覚を広げて信頼するたびに、あなたは多次元の自分をより多くのレベルで開きはじめます。この信頼感を高めていくにつれて、より深く、より多様なレベルで、私たちとやりとりできるようになっていきます。記憶と理解のもっと多くの層を探検し、共有することができます。皆さん全員が真の自己と神聖な個性に再び目覚めてはじめています。そして目覚めるにつれて、受け入

れるべきことがもっと多く存在していると分かるでしょう。

皆さん全員が使者です。

皆さんはレムリアの使者です。私たちが決して可能だとは思わなかった方法で、この惑星上でさまざまな事の発端をつくりはじめている波動の使者でもあります。あなたは長い期間、この惑星で転生を繰り返して進化した、あなたの総体を代表している使者です。ですから、親愛なる皆さん、この生涯でこの体の中で、再び自分自身の全部の面を一つに統合するべきときです。あなたの全部の面に心を開いて、受け入れることができればできるほど、魂の進化の各転生で得た経験と知恵にもっと接続できるでしょう。あなたの全体性へ開くのを妨げている、行き詰ったエネルギーがあります。そのエネルギーをきれいにして変容するたびごとに、魂の喜びをより多く味わい、この惑星が戻れる楽園についての理解がより深まるでしょう。

あなたが旅するとき、あなたが出会うすべての人とその波動を分かち合ってください。あなたが街を歩くときに、あなたに微笑みかけてくる人たちもまた兄弟姉妹です。あなたは彼らを知っています。この惑星で共にしてきた数々の生涯の中に、私たち皆が再び理解しはじめ、受け入れはじめている一なるものが存在しています。

シャスタ山は巨大なハートです。この惑星のすべての人とすべてのものに愛を送っています。

シャスタ山は実際に、源のエネルギーが物理的な姿で現われたものです。私たちの聖なる山は、母なる地球のハートと、彼女が私たち全員に感じている愛を表わしています。たとえあなたがどこにいても、あなたは彼女とつながって、彼女の愛を感じることができるので、その愛をあなたから他の人へと流してください。この山のかなり近くまで来ると、あなたは山のエネルギーで活性化されるのを感じるでしょう。そして転生のすべてにこの山とのつながりを持って行くでしょう。シャスタ山へ旅行するすべての人が、以前の生涯でそのつながりを持ったことがあるので、ここへ戻って来ます。レムリア沈没の際に、この山のエネルギーの内部にテロスをつくろうとしたのは、この山とのつながりがあったからです。私たちは皆さんがここで時を過ごして、それから皆さん自身が媒体となって、これらのエネルギーを他の場所へ運んで行くことを勧めます。

私、ハイラムは、テロスの科学者です。私は目下のところ、科学者で構成されるチームの一員として、三年から五年の計画に参加し、シャスタ山周辺のエネルギーを測定しています。私たちは、この山の内側にいる私たち全員が山の外で、波動において、皆さんのエネルギーに再び合流するために、それを可能にしていくエネルギーや意識状態を測定しています。

私は、このような波動を二〇〇一年から監視しているチームに所属しています。私たちのチームは、この山から外へ広がりながら、常に大きくなっている周囲のエネルギーの輪を監視しつづけるつもりです。目下、この輪はこの山から外へ広がって、その円周は一〇キロメートル前後です。そして二番目の輪が三〇キロメートルほど外側にあります。私たちは、個人としての皆さんの波動と全体としてのこの惑星の波動を測定しています。また、再びレムリアの波動を認識し、その波動へ移ろうという、あなたとすべての人の意図も測定しています。再び全員が一緒になれる波動に到達することに、私たちは皆さん以上ではないとしても、まったく同じくらいに熱心なので、少しドキドキしながら波動を監視しています。

私たちが皆さんのエネルギーを理解する力は、皆さんが私たちのエネルギーを理解する力とは少し違っています。私たちには、皆さんを理解するためのより広い知覚力があります。肉体だけでなく、エネルギー・フィールドも見ることができます。あなたの光の体と多次元の面、「未来」の面も見えます。私たちは、この時期に皆さんに私たちが見える部分より、ずっと多くの部分を皆さんに見ることができます。テロスの人びとは、私たちが監視している計測の進展を追いかけながら、その最終的な結果を予想することにとても夢中になっています。そしてこの潜在的な可能性にとっては、あなたの意図と、あなたが多重の時間軸のすべてを認識することが重要であることを、あなたに知ってほしいと願っています。あなたはこれらの時間軸から古代のトラウマを認識して、きれいにするためにワークをしてきました。それはシャスタ山とこの惑星のためだけでなく、あなたの大いなる自己がそれを乗り越えるために開始するという意味でも、とても重要でした。これによってあなたは自分の全部の面を統合し、私たちのように、自分の全部の面を認識するようになるでしょう。あなたは、ちょうど今、実際にここにいて参加している、あなた自身の「未来」の面さえも認識するでしょう。

私たちが未来に関して話していることのすべては、すでに起こってきました。そして皆さん自身の未来の面はすでにその役割を果たしてきました。今の目的は波動のうえで、これらの時間軸をすべて溶け込ませることと、すでにつくられてきて、私たちのまわりに存在している再会の喜びを味わうことです。

あなたは、レムリアや他の形而上学の話題に興味を持つ人たちの場や集まりに呼ばれるかもしれません。各グループがこの惑星上で一緒に集まるとき、そのグループが大きくても小さくても、レムリアで一緒だった正式なグループでも、あるいはアトランティスの時代からのグループでも、たとえほんの一瞬であっても、彼らはその時代と空間を共有したときの波動を認識し、再体験します。彼らは、その認識から多くの理解を得ます。それからすぐに、これらのグループはより一層理解を深めるために集まって調和しはじめます。それぞれのグループが得る新しい知恵は、すべてのグループの間で目的を一致させ、協力体制をつくるでしょう。この種の愛情あるエネルギーが、新しいレムリア、新しい地球を誕生させることになります。

過去においては、非協力の時代がありました。私たちは皆、それらの時代から苦痛に満ちた課題を学んできました。私たちも皆さんも、二元性と分離と不調和に関して、人間として体験できることをすべて順番に経験してきました。今は調和の波動を思い出して、再体験し、このような総合した意図がもたらす純粋な創造エネルギーの可能性を新しく理解するときです。この惑星のすべての存在が、すべての次元において、無条件の愛と調和のエネルギーで自分をまったく新しくつくり直し、この波動をこの惑星のどのくらい遠くまで広げられるか探究するときです。

愛が再び新しい段階に入ると、肉体と感情体の中で器官の解毒が起こりますが、それは調和へ戻る過程で本来備わっているものです。それぞれの人が神性の本質を再び統合し、神聖な源とのつながりを再び確立するにつれて、精神的・肉体的・感情的な構造が大きく移行するでしょう。皆さんが細胞レベルで多くの古いエネルギーを変容させていくときに予想されるのは、このようなことです。私たちは皆さんのそのプロセスを支えるために、できることは何でもするつもりです。

テロス市民が皆さんに知ってほしいと思っていることは、今の皆さんの旅が、レムリア沈没のあとで私たちが地球内部に新しい世界をつくったときの旅に、非常に酷似していることです。私たちが見舞われた大洪水は、皆さんが今、移行を迫られているのと同じやり方で、私たちを大きく移行させました。テロスの子どもたちは思い切って山の外へ出て行って、兄弟姉妹について学んで、今までにたくさん聞かされてきた世界を体験したいと、年長者よりも強く切望しています。エネルギーは今、溶け合わなければなりません。ですから開始するときが来たら、私たちは物理的形態で皆さんの次元に旅をしますが、皆さんの現在の物理的形態とまったく同じではありません。それは異なる波動をしているでしょう。これを実現させるためには、私たちの波動を皆さんの波動にもっと近づけるのと同じように、皆さんの波動を私たちの波動にもっと近づけなければなりません。

まもなく私たちは皆、新しい次元の中で、波動を一つに溶け合わせるでしょう。この惑星内外からのエネルギーと意図のすべては、この出来事に焦点を合わせています。このことが起こると意図して合図を送るように、今お願いします。これまでのあなたとこれまでの私たち、これから一緒になる私たちについて、正しい認識や記憶を持つたびごとに、あなたは意図で合図を送っています。この山や元素、あなたのために私たちが空に描く絵、レンズ雲の中を通ってあなたを訪問し、愛とエネルギーをあなたに送る宇宙船、それらに向かってあなたがハートを開くたびごとに、あなたは意図で合図を送っています。あなたと私たちの目的を言葉で表現してください。そして、ただ信頼してください！

この計測期間は二〇〇五年あたりが頂点に差しかかり、その時期に、次元を開きはじめるために計画がなされるでしょう。というのは、地上に出て行く人たちもいますし、皆さんの側から地球の内部に来る人たちもいるからです。皆さんのカレンダーで二〇〇五年から二〇〇六年には、さらに多くのポータルが開きはじめ、次元間を簡単に旅できる人たちが最初の訪問を始めます。彼らはあとに続く人たちのために、エネルギーの通路を準備するでしょう。皆さんの多くがエネルギー的に、これらのポータルの活動に関係しています。皆さんは多次元の面を持っていて、現在テロスや他のレムリアの都市に住んで、これらの活動で動的な役割を果たしています。あなた自身をこれらの他次元のエネルギーに開いてください。そして地上の世界に転生している自分に、そのエネルギーを組み込みはじめてください。受け取るメッセージを尊重して、他人と分かち合ってください。それは来たるべきものへの希望と信頼の、新しいエネルギーをつくることにもなります。ちょうど今、惑星的な移行がかなり大規模に加速しているので、三年の計測期間の終わりには、地球内部のいくつかの都市への通路がもっとつくられるでしょう。私たちに依頼してください。そして質問してください。私たちはあなたを導くためにここにいます。

シャスタ山の聴衆からの質問

――テロスの人たちは、都市テロスと同じように多次元の存在ですが、一七〇〇年代にシャスタ山が最後に噴火したときには、シャスタ山内部の都市をまるごと移行したのですか？

現在、シャスタ山の内部にある都市は、最後に噴火する以前に存在していた都市と同じではありません。そのとき、次元の移行がありました。噴火のエネルギーは、意思疎通と旅に使われていた主要なポータルと、シャスタ山周辺のエネルギー・スポットを移行させました。エーテルのエネルギーは影響を受けませんでしたが、地球は物理的に移行しています。そのためテロス市民は、地球の必要性と子午線の経路の点から、この山の中と周辺を通るさまざまなエネルギーの経路とポータルを再構築し、方向を正さなければなりませんでした。

都市テロスのハートは山の奥深くに位置していて、噴火で影響を受けないように次元的に保護されています。この山の内側への接続を可能にしていた、この山周辺のエネルギー構造の中には、大きな影響を受けたところもありました。いくつかのポータルは閉ざされ、新しいポータルが違う位置につくられました。ポータルの中には、エネルギー的に修復を必要としたものもありますし、今もなお元の位置に存在しているものもあります。将来、このような崩壊が再び起こることは予測していません。私たちは地球のエネルギーと火山による解放が起こった必要性を理解しています。私たちはあらかじめ噴火を警戒していたので、その混乱が生じないように事前に計画を立てることが可能でした。

――テロスの人たちが山から出て来られるように、また私たちが入らせてもらうために、私たちにできることは何ですか？

何よりもまず、意志を持つことです。このことが起こると知っていることと、これらのエネルギーに完全に集中して毎日を送ることと、その波動をあなたの日常生活やまわりの人たちの生活にもたらすことです。地球で起こっている変化は絶えず増えていくでしょう。それらの変化によって、あなたは保っていたい波動から追い出されているように感じるかもしれません。あるいは他のやり方で応じようとして、これらのエネルギーから飛び出したいとさえ思うかもしれません。あなたはすぐに、母なる地球と地上の住民のその両方の感情体の中で、多くの部分をきれいにするときの影響を目撃し、経験します。あなたは地上で怒りと暴力の新しいレベルに遭遇するでしょう。このようなことが起きたら、皆さん全員が通り抜けている好転反応の一部だと認識してください。新しい波動を入れるためには、剥ぎ取って解毒しなければならないことがたくさんあります。

あなたのハートに内在するすべてを分かっているという感覚と愛に備わっているエネルギーに、しっかりとつかまってください。あなたという存在の全部の面とともに、この時期にこの惑星に降り注いでいる新しい光のエネルギーにゆだねてください。肉体と感情がトラウマや悲しみを味わうとき、あるいはそれらに圧倒されるとき、それでもあなたの全体性は愛と思いやりの波動で生きていることを理解してください。どんな瞬間でも、愛と思いやりの波動に戻ってつながることができる、とハートの中で知ってください。

あなたのガイドや天使たち、そしてテロスにいるあなたの家族と援助をしに来ている星の兄弟たちに、援助を求めてください。

私たちは皆、あなたを支えるためにここにいるので、愛であなたを抱擁させてください。そして条件や判断を持たずに、感情を残らず解放してください。あなたのエネルギーに許可を与え、再び動かして、神聖な恩寵とともに流してください。詰まったエネルギーが、いま本当のあなたの全体性を認識することを妨げています。その詰まったエネルギーのすべてを解放するために、毎日欠かさず依頼してください。

肉体という形態でのここでのあなたの旅は、この惑星が三次元から五次元へと通過しているとき、今のあなたが、肉体と感情を持つ人間として十分に生きることを要求します。その目的は、あたかも人生が歩く瞑想であるかのように、常に波動のレベルを上げるような生き方を意識的にするようになることです。本当のあなたの完全な全体性と、あなたが日常で選んでいる波動を認識し、絶え間なく気づきを保つという目的を声に出してください。

もしあなたが、私たちが提供している鏡を通して、ただ聞くこと、そして／あるいは見ることによって旅を始められるのなら、幻滅や分離、混乱を感じるときに、あなたにはいつでも行けるところがあります。自分自身を明確に信頼して見られるようになるときまで、私たちをあなたの鏡として使ってください。私たちが、あなたの旅を手助けできることを知ってください。あなたが意志を述べて私たちを呼ぶときにはいつでも、私たちはあなたのために波動を保ち、そしてその波動をあなたに返すことができます。

アダマやアーナーマー、その他大勢がテロスで毎晩、教室を開いています。あなたは眠りに就いて夢を見る前に、ここへ教えと癒しを受けに来て、自分の記憶とつながるように依頼してもかまいません。また、テロスで示されたことを目覚めているときにも思い出すため、通常の意識に戻って行くときに、経験したことをすべて覚えていると意図を設定してください。

最も重要なのは、判断や批判的な分析をしないで、経験して、思い出して、学ぶことを自分に許可することです。

テロスへ旅するとき、あなたは高次の波動、つまり信頼と調和の波動へと移りはじめます。あなたが求める情報はエネルギー・フィールドを通してのみ伝えられます。情報が流れる経路は、私たちのハートから皆さんのハートへと開かれていなければなりません。そして信頼と無条件の愛の波動においてのみ、そうすることが可能です。私たちはあなたの波動に合うように、私たちの波動をもたらさねばならないのですが、ただ愛と開かれたところからそうするだけです。あなたはこのとき起きることに、前もって判断することも、期待をかけることもできません。あなたは、私たちがあなたに与えねばならないすべてのことを快く受け入れる導管として、ただ自分を開かねばならないだけです。

いつでも私たちの誰かに話しかけてもかまいません。質問をして、聞いてください。答えは音あるいは音楽、声、ただ分かっているという感覚として返ってくるかもしれません。あなたのマインドにその答えを分析させてはいけません。ただ認識して、その気づきを成長させてください。私たちとの会話が、あなたの肉親の兄弟姉妹との会話のように当たり前になるまで、その認識を発達させてください。自分自身に今、そうする許可を与えてください。

――将来、テロスから私たちに伝えられる道具や癒しの手法には、どんなものがありますか？

シャスタ山の地域で、これらの目的のために再び活性化され、再び聖別される、若返りと癒しの神殿があります。そして四大元素はもちろん、地球自身からも、それらの神殿へ再びエネルギーが流れるでしょう。

新しい癒しと若返りの技法は、二つの要素から成るものが現われるでしょう。一つ目の要素は、自分を癒す過程で、その人のエネルギーを完全に呼び起こそうと意図する形式です。二つめの要素は光と音を利用する道具です。これらの道具は実はクリスタルです。人間の形態が今、純粋なクリスタルを基盤とする形態へと戻りはじめているからです。これらの道具には、皆さんが覚えている古代エジプトの大理石のような、完全な体のためのチェンバー（訳注10）だけでなく、ヘルメットの形をしているものもあります。それらは鮮やかな虹色に輝くクリスタルから出来ているでしょう。

音は癒しと再生のエネルギーを伝えます。光は私たちが共鳴できるさまざまな周波数のすべてを表わします。音は次元間の層を貫いて、肉体・感情体・精神体・エーテル体などの異なる体を通り抜け、癒しに必要な光や周波数を運びます。

クリスタルは、音と光の両方を純化して伝えることができます。ヒーラーは、また癒されている人も時々、クリスタルのフルートやボウル、天使や元素のエネルギーのような音の組み合わせである楽器を使って、多次元の音を出してワークするでしょう。これらの響きのすべては、そのとき「クリスタルの音の拡大レンズ」

を通して転送され、この多重の響きは、多層の一つの音へと純化されます。多層の一つの音は、音の全域を「意識的な音」として同時につなぐものです。それから、この意識的な音は、癒しの光の周波数を導管として鳴り響き、この周辺の空間を楽しませるでしょう。その癒しの光の周波数は、現在の人間の視力では見えない色の波長です。このようにして、癒しはすべての体で同時に起こります。

もっと小さい道具もあります。体に身につけるものも、携帯するものもあります。日々の瞑想で使われるものや、個人の家のどこかに単に置かれるものもあるでしょう。現在、すでに皆さんの多くがこの種の道具を使いはじめています。これらの新しい装置は、皆さんがすでに持っているものよりも、使い方が洗練されるでしょう。転生に入るときに個人用につくられるものもありますし、一生を通じて持ち主のところにとどまるものもあります。家族の調和を保つために、家族全員で共有される場合もあります。

クリスタルに関する理解とクリスタルとの関係、そして音の完全な範囲と光の周波数との関係は、学校教育の初期段階から子どもたちに教えられるでしょう。建物や家、神殿のほとんどは、構造物自体に不変の癒しと調和させる波動を保つために、聖なる音で清められてきた純粋なクリスタルによって構築されるでしょう。

——自分の波動を上げるために、個人でできることは何ですか？

ガイドを望む人には、テロスでガイドを一人割り当てることができます。ただ要請して、ハートを通してつながってください。ガイドと会うことを依頼して、定期的に彼または彼女とやりとりしてください。あなたが調和させようとしている波動のための音叉として、ガイドを利用してください。

また、皆さんの一人ひとりは、自分をきれいにするという点において、個人的な責任も持っています。あなたが転生中に、あなたにとって新しい波動やレベルで楽しもうとするとき、それを妨げるエネルギーがあります。すべての人が、エネルギーをきれいにするためにここへ来ました。古いエネルギーをきれいにするたびごとに、あるいは古い感情パターンを癒すたびごとに、拡大した新しいエネルギーを入れはじめています。そのうえ、きれいにするということは、この惑星上のすべての人を解放することです。それぞれの人は人類と惑星のために、集団意識の異なる部分をきれいにすることを志願してきました。これは重要な任務なので、もう認識してもいいときです。また私たちが、皆さんがこれを成し遂げると信頼していることも知ってください。皆さんは、この時期テロスにはいませんが、それにはこのような十分な理由があります。

皆さんは全員、この惑星を癒して、苦痛と分離の意識から人類を解放するのを助けるために、肉体へ転生してここにいることを志願してきました。あなたの仕事はここにあります。ですから、あなたがこの惑星にもたらすことを同意してきた波動は、ここで経験されなければなりません。

あなたのあとに来る人たちは、彼らのために道をきれいにするあなたを頼りにするでしょう。大昔からの悲しみとトラウマを感情体からきれいにするたびに、あなたはまた母なる地球の感情体からも、悲しみとトラウマをきれいにしています。異なる次元にいる私たち全員は、この旅にかかる時間とエネルギーに敬意を払って、旅の途中で皆さんを支えるためにここにいます。皆さんがこの重要な仕事をする間、皆さんに愛を注ぐことを大変楽しみにしています。

はるか昔には、私たちが宇宙の中でどのように存在しているかということについて、より深い理解がありました。皆さんは、神の源の領域や流れの中での、つながり方と作用の仕方を理解していました。私たちが内部で管理するエネルギーのグリッドや、体そのものとすべての体の基盤についても、皆さんは理解していました。この知識はいま取り戻されつつあり、あなたがこの知識を再び自分で理解し、体験し、そして地球の領域に存在するあなたの存在という中へ、その知識を組み込もうとすればするほど、この時期、この体の中に真の神性をますます取り戻していきます。この時期は、本当に大いなる目覚めのときなので、私たちは皆さんと一緒に祝福します。

私たちの存在全体で皆さんを愛しています。私たちは調和と協力、色の光線、音、歌の中で皆さんに愛を送ります。皆さんの愛情とご清聴に感謝します。

第17章　テロスの人びとに敬意を表して

マスター・聖ジャーメイン

親愛なる友人の皆さん、こんにちは。

私は聖ジャーメイン、紫色《バイオレット》の炎の守護者で皆さんの勝利を擁護する者です。紫色の炎は紫色の周波数のとても貴重な炎で、はるか昔にこの惑星のために、アセンション（次元上昇）のエネルギーを点火した炎です。

私はこの時期、アダマとテロスのレムリア評議会、皆さんのレムリアの大家族、光の領域の他の存在たちと一緒にここにいます。親愛なる皆さん、テロスにいる皆さんのレムリアの兄弟姉妹はとても長い間、この惑星のために素晴らしい仕事をしてきました。もう、そのことが認められ、敬意を表されるべきときです。地上の住民が戦いに明け暮れてきた一万二千年の間、この惑星のためにたゆまず着実にアセンションの炎を守りつづけてきたのは、まさしく彼らです。

もし、シャスタ山の地下とアガルタ・ネットワークの他の都市にいるレムリアの家族が、地上の住民のために驚くほど献身的にアセンションの炎を養ってこなければ、潜在的な可能性は今、現実化しはじめてなかったかもしれません。与えることと受け取ることのバランスの法則により、この惑星と住民は、源から愛と光のエネルギーが送られてきたことに対して、受け取ったエネルギーの莫大な量を認識し、感謝し、そしてある特定の光のエネルギーを生成して、創造主へと送り返さなければなりません。これは宇宙の法則です。何千年もの間、地上の住民は、この惑星と自分たちの進化を三次元の地上で続けるために、愛と光を受け取ってきました。しかしそのお返しに、父なる／母なる神に光を送ったことはほとんどありません。

最愛なる者たちよ、アセンションの炎と紫色の炎は、異なる周波数を持っているかもしれませんが、両方の炎はとても効果的に補い合いながら、アセンションへと導きます。それらは互いにつながっていますが、両方とも、それぞれ固有の周波数を持っている自由の炎です。神聖な愛に至らずに表現されたどのようなエネルギーも、紫色の炎で変容させることができます。

次の段階としてアセンションを選んでいるすべての人は、ある時点でマスターのマイトレーヤーとサナンダが率いるキリスト庁と自分の神の臨在のもとに出向く機会を得るでしょう。それからアセンションに備えるために、必要な通過儀礼が日々の生活の中で、皆さんに提示されるでしょう。アセンションの時点で、あなたの全意識と生命の流れは、文字通りアセンションの炎の中に浸されます。その炎の中では、まだ純粋な愛に至らないで振動しているどのようなエネルギーも、その炎によって完全に消滅させられます。そうすると純粋な光だけが残ります。友人たちよ、このようにして、あなたは永遠の平和や至福、不滅性、無制限を楽しみながら、愛と光の純粋な存在として生活を送る、生まれながらの永遠の権利を受け入れるでしょう。

あなたがコーザル体（訳注17＝主な光の体）と微細なエネルギー体（訳注6）の中で、もし愛と光の適切なレベルを統合してきたなら、あなたはこのプロセスによって完全に変容し、次元上昇してマスターになるでしょう。まだ、その進化の段階に達していない人たちは、さらなる転生の機会をもって、その転生で愛の道を歩いて、望んでいるアセンションのレベルへ到達するでしょう。

——もしコーザル体に愛と光を十分に蓄えてきていない魂が、アセンションの炎のプロセスを通るとしたら、何が起きるのでしょうか？

ああ、それは、もし魂がそのようなプロセスを受け入れる準備ができていなければ、魂は解体という結末を迎えることになるでしょう。アセンションの炎はその性質によって、愛でないものと光でないものをいっさい消滅させます。魂の中で保たれるすべてのものは理解の波動の中で受け入れられ、そして吸い込まれなければなりません。この最終的な段階へ進む前に、すべては受け入れられ、認識され、許されなければなりません。そうでなければ、もし無条件の愛と光の通路である通過儀礼を受け入れる前に、そのプロセスを許されるとしたら、そのとき魂の中には何も残らないでしょう。

すべての人にとってのアセンションの機会が、この時期のように、とても簡単に手に入ったことはありませんでした。レムリア人がとても長い間、皆さんのために「徹夜の祈り」を続けて、皆さん全員が入れるように道を踏み固めて、平らにしてきたおかげです。

何千年も毎日、人類のために光を神のもとへ返してきたのは、これらの大切な魂たち、つまりレムリアの友人たちです。

このような理由から、アセンションの炎の座、すなわちこの惑星のためのアセンション本部は、いまテロスにあります。ギザの大ピラミッドは、とても長い間この惑星上でアセンションの炎の活動拠点でした。ギザは今でもエジプトにおける重要なアセンションの中心地ですが、この非常に大変なプロジェクトをいま担当して、この惑星のために責任を担っているのは、主にテロスの人たちです。彼らはアセンションの炎の長であるセラピス・ベイとともに、とても親密に働いていています。彼らが共に働くことは、人類に奉仕する共同創造となっています。しかし今日まで十分な人数で、人類のためにアセンションの炎を明るく燃やしつづけてきたのは、レムリアの人たちです。

何千年も前には、私たちの多くは、まだ次元上昇していませんでした。私、聖ジャーメインも、まだ次元上昇していませんでした。一方、レムリアの人たちは、私たち全員に道を示すという務めを果たしました。光の領域において、彼らを年上の兄弟姉妹として深く敬意を表して、この惑星へ与えてきた彼らの愛、勇気、素晴らしい奉仕のために彼らを深く称えます。

光の領域のさまざまな同胞を代表して、私はまた人類とこの惑星への長い奉仕に対して、アダマと彼の神聖な伴侶であるテロスのガラティアを称えたいと思います。ガラティアはまた、地上ではオレリアとして転生しています。彼らは原初の「人類の父と母」である、聖書上の人物アダムとイブとして知られています。

ほとんどの人がアダムとイブの物語をよく知っています。しかし、それは長いレムリアの歴史における最初の章の驚くべき物語について、真実がたとえ含まれているとしても、ほとんど示していません。アダムとイブの真実の物語は、皆さんが歴史家や学者から教わってきた内容とはまったく違っていて、確実に人類を光明へと導くもので、おそらく将来、出版の題材となるでしょう。

「アダマとガラティア／オレリア、私たちは皆、あなたたちをたいへん愛しています。光の領域の全存在を代表して、この惑星地球の地上と内部で、何百年間も人類に奉仕してきたことに深い感謝の意を表します」

地上にいるほとんどの人にとって、レムリアはこの惑星の啓《ひら》かれた文明のゆりかごでした。皆さん自身が進化するための母なる国でした。皆さんは集合的に、分離と二元性を経験することを選ぶまでは、何十万年の間、そこで楽園と至福の状態で進化してきました。いまレムリアの意識は、その完全な荘厳さと栄光の中で、再び皆さんに向かって彼女のハートを開きはじめています。そして皆さんを「故郷」へ、その祖国と皆さんのハートの愛へ連れて行こうとしています。レムリアのエネルギーと皆さんのかつての家族であるその住民は、皆さんのＤＮＡの細胞のその構造の中、つまり細胞の記憶の中に刻まれています。今日、存在しているレムリアは、皆さんが生涯を重ねて探し求めてきた遺産です。

私、聖ジャーメインは、皆さん全員に申し上げます。「レムリアの波動に手を伸ばし、自分自身の内側に、失われた楽園を見つけなさい。あなたの帰還の鍵はすべて、常にあなたのハートの中にありました。決してあなたから取り除かれたことはありません。真我の内側でそれらの宝物を再び活性化してください、そうすればあなたの帰還を待っていて、道の途中で会う用意をしている、あなたのレムリアの家族を発見するでしょう」

私、聖ジャーメインは、常にあなたのそばにいて、あなたをたいへん愛しています。あなたのアセンションが完了するまで、あなたの勝利を擁護します。私は他のところに主な活動拠点を持っていますが、シャスタ山で、テロスで、あなたが新しいレムリアと呼ぶところで多くの時を過ごしていて、この惑星と人類が「神の恩寵」へ次元上昇して回復するために、レムリア人の使命を完全に支援しています。私はアトランティスで指導者の役割で何回か転生しましたが、私もまたレムリア人です！　愛と調和のその中で、私と合流しましょう！

アダマをチャネルすることについて

オレリア・ルイーズ・ジョーンズ

最近、アダマをチャネルしていると主張する人が増えています。インターネット上では、あらゆる種類のメッセージが、アダマの名で語られているようです。私の知るいくつかのケースは本物ですが、その他はそうではありません。

アダマやアーナーマーの名前を使って、他の著者によって出版されているいかなる情報にも、私は責任を負いません。その情報は本物かもしれませんし、そうでないかもしれません。

フランス語でテロスの本（一、二巻）が出版されてから、驚くべき数の人びとが突然、自分はアダマやアーナーマーの新しいチャネラーだと主張しはじめています。私の代理人になったと主張する人さえいます。インターネット上で今、あらゆる種類のチャネルされた情報が流れていて、とくにニュースグループでアダマの名前を見かけます。愛を感じられて、ハートから来ているように見えるものもありますが、一方では全然違って、レムリアの波動ではないものもあります。残念ながらそのせいで、真面目な真の探究者と、真偽の識別が十分にできない発達中の人たちがとても混乱しています。

アダマの名前で書かれたチャネリング情報を識別したいという質問がよくアダマに寄せられます。誰が信頼できるのか、また本当にアダマをチャネルしている人たちと、ただ自分自身やアダマのふりをしている波動の低い他の存在をチャネルしている人たちとを、どのように見分ければよいかと尋ねられます。

誰が本物で誰がそうでないかの識別、また他者の意図を判断することのいずれも、私には必ずしも容易なことではありません。判断するということには常に罠がありますから。それぞれが自分の識別力を訓練しなければなりません。そうすることで霊的な熟達度が上がります。

――以下は、アダマからの説明です。

皆さんには知られないままでいなければならないさまざまな理由のために、私は現時点でこう述べたいと思います。私の名前で本を出版する意図を持ち、または公の活動に参加する私の公式のチャネラーを、オレリア・ルイーズ・ジョーンズ以外には認めません。もしこのような許可を見境もなく認めるとしたら、情報の真偽を識別する必要のある、霊的発達段階にまだ達していない人たちを極度に困らせることでしょう。

私たちの教えが再び歪められ偏る危険性があるとしたら、まだ通過儀礼や、私たちの情報の成果を出すための内的な訓練を受けていない人たちの手によって、その危険性は大いに増加するでしょう。また過去に意識的にしてきたように、真実でないもので、私たちの教えを再び変造する個人的な予定表を持つ人びとを招くことになるでしょう。このような理由によって私たちのもともとの教えは、もはや存在していません。ですから、これらの教えが要求する明晰さと誠実さのない人びとによって、教えは繰り返し改悪されてきました。私たちは絶対に、二度とこのようなことを望みません。

レムリアの意識をもたらす私たちの教えは、もともと神聖なる源から来ています。もし私たちの教えを伝える人をあまりにも多く許可すると、教えが再び歪められてしまうかもしれません。とくに人気が出てきたテーマから、ただ利益を得たいと思う人びとが歪曲させる可能性があります。このようなことが起これば、私たちが届けようとしている人びとや、本当に私たちを求めている人びとのハートや魂にかなりの混乱が生じるでしょう。

このような理由から、どのくらいかは決めていませんが、ある程度の期間、この仕事を私たちと一緒に行う人を、生まれる前に契約したオレリアに限定しています。

適切な準備や明確な招待もせずに私をチャネルする人や、小さなグループの範囲を超える人、誰かを慰めるために必要な援助となる特別なメッセージの範囲を超える人は、ただ幻想を表現しているだけです。なぜかというと、私がいつでもそこにいるわけではないからです。もし私がそこにいるとしても、私がメッセージを与えることが常に適切であるとは限りません。私たちは、レムリアのエネルギーに最高の誠意を持たないチャネラーの言うことを聞いてほしいとは思いません。また真実でないなら、テロスのアーナーマーや他の者や私自身を装うことも、絶対に望みません。

商品の売り込みや詐欺を働くために、私の写真を使って、私の名前で宣伝を書いている人たちもいます。親愛なる皆さん、どうか分かってください。私はそのような試みには加わりません。また、とくに誠実さのない人たちのために商品の販売をしないことは確かです。

本物ではないチャネリングはすべて、個人的な予定表の波動を持っていて、霊的な罠になる可能性があります。レムリアとアトランティスの両大陸崩壊に寄与した存在の多くが、現時点でまだ転生しており、光が入ってくるのをまた止めようとしていることに気がついてください。また彼らは、レムリア人の出現をできるかぎりの方法で食い止めたいと望んでいます。よく光の天使のふりをして、皆さんを救助しに来ようとして、あらゆる方法で皆さんをそそのかそうとするでしょう。騙されないように、そしていつもハートで識別してチェックするようにしてください。

友人である皆さん、現在、惑星と皆さん自身の個人の進化に対する掛け金は、非常に高くなっています。いつも複数の方法で識別テストをして向かい合うことを意識してください。犠牲者意識を買わないでください。マスターとしてのあなたの神聖な力の中で、主権を握るようになってください。

皆さんのハートに直接つながって話をするのは、いつもとても嬉しいことです。時々、あなたに個人的にメッセージを吹き込むのも、また小さな集会やグループの中で、誰かが私の伝えたいことに同調してくれるのも、また楽しいことです。時々、私は皆さんの集まりに出席して、私のエネルギーと愛を参加者全員に放射していますが、黙っているので誰も気がつきません。あなたの変容のためには、私たちのもたらすエネルギーの方が言葉より重要なこともよくあります。しばしば言葉に制約されることもあります。これらの貴重な瞬間を受け取って大切にして、ハートの奥で同調したものを保つようにしてください。私たちから直接受け取るすべてのことをインターネットやどこか他のところで広める必要はありません。多くの場合、伝達の内容はそこにいる人たちに直接関連していて、そのときにその場にいた人だけに適切なので、公的に普及させるつもりはありません。

私はまた、テロスでは私だけが公の目に入るように志願したということも付け加えたいと思います。他の者は、とくにアーナーマーは、まだ私と同じように公に出る選択をしていません。それはただ単にその時期が来ていないからです。アーナーマーは、現時点では自分の写真を「商品化」させるつもりはありませんし、また彼は、ハートの最愛の人であるオレリアと彼女の文章のために、時折あちこちのチャネリングに出る以外には、公へ出たいとは思っていません。

アーナーマーと私自身は、レムリアの波動の誠実さと透明度で人生を具現化していない人たちを通してメッセージを出す気は一切ありません。瞑想中にあなたのハートが私たちのハートに同調するときには、私たちは喜んで個人的なメッセージを与えます。あなたがそれらのメッセージを他人に話すか、そうすべきでないかを識別することを心掛けることは重要です。

私たちと光の領域にいる他の存在からのメッセージのすべては、叡智の鍵を必ず含んでいます。あなたは自分の発達のために、その叡智の鍵を統合する必要があります。そうでなければ、その鍵は自己実現の道における次のステップへの道筋を示しています。精神体に情報をより多く蓄えるためだけに次々とメッセージを探しつづけることよりも、すでに受け取ったものを十分に統合することの方が、いつでもより重要です。

もし、すでに受け取ったものを意識の中で統合しないのなら、それは頭の中でガラクタとなり、必ずしもあなたの役に立つとはかぎりません。

レムリアのハートは、分かっていても分かっていなくても、皆さんの一人ひとりの中に存在しています。オレリア・ルイーズ・ジョーンズと彼女のそばで働く人たちと一緒に、あなたの神性の完全性とあなた自身の旅の神聖さへと、あなたが再び目覚める手伝いをすることが、私たちの聖なる使命です。

エネルギーの出所の不確実さに煩わされて、理解を広げるエネルギーに開こうとする気持ちが脅かされるべきではありません。したがって、読む内容や聞く内容に「ハートの中で真実のベルを鳴らさせなさい」と皆さんに言いつづけます。なぜなら、ハートの中に、ハートの中だけに、本物があるからです。唯一、あなたのハートだけが神聖なものの波動のすべてを識別することができて、今という瞬間であなたにとって最も適切なことを決めることができます。

どうかためらわずに、ハートの中で私たちにガイダンスを求めてください。私たちは必ず応えます。

私はアダマ、人類の教師です。

テロス・ワールドワイド・ファンデーション

使命

私たちは、テロスからの情報と教えを広めることに専念し、レムリアの兄弟姉妹が地上にやがて出現して、再び一緒になるために準備をしている非営利団体です。

目標

私たちは以下のような事柄を目標にしています。

* カナダと世界におけるレムリアの使命の拡大
* テロスについての著述やワークの支援
* 組織を準備しテロスの教えを促進する他のグループ、とくに国際的グループの支援
* 教えと仲間のためのセンター構築
* 目標達成のために必要な資金の調達

住所：Telos World-Wide Foundation, Inc.
Center 7400
7400 St. Laurent, Office 226
Montreal, QU-H2R 2Y1-CANADA

電話番号：（001 Intl.） 1-514-940-7746

Eメール：info@fondationtelosintl.com　info@telosmondiale.com
fondation@lemurianconnection.com

ウェブ・アドレス：http://www.fondationtelosintl.com
http://www.telosinfo.org

Telos-France

http://www.telos-france.com

Telos-Japan

http://www.telos-japan.org

訳者あとがき

この本を手に取ってくださって、ありがとうございます。

これは『レムリアの真実』（Telos Volume 1）に続く第二巻目に当たります。

第一巻の『レムリアの真実』を読んだ方々から温かい感想をいただき、感謝しております。また、ようやく皆様に第二巻をお届けできることをたいへん嬉しく思います。


本書『レムリアの叡智』は第一巻と同様にアダマやさまざまな存在からのメッセージ集ですが、より多岐にわたる情報が盛り込まれています。

このテロス・シリーズの原書は第三巻も出版されています。この三冊は教えの基本として位置づけられ、オレリアさんによると内容もエネルギーも、刊行順に高められて構成されているとのことです。

それにしても、この本は盛りだくさんです。


私がこの本のメッセージの中で共感するのは、この本の内容を単なる情報としてではなく、日々の生活に適用することが重要だという点です。

しかし、日々の生活に適用するといっても、その内容である「鍵」は本文の中に含まれ隠されていて、教科書のように書かれているわけではありません。文章の中に「鍵」となるものが潜んでいるから、何度も読んで見つけて、それを自分で生活に適用しなさい、とアダマは言っています。確かに、重要なことがあちらこちらにさりげなく書かれています。うっかりすると読み流してしまうかもしれません。

また、同じ人が読んでも、読むタイミングによって違う「鍵」が出てくると思います。そのうえ、今はすべての人が同じやり方をする時ではない、したがって、各自が自分に合うやり方をして、それを全体に加えることが大切だ、とも述べられています。

アダマたちのメッセージは「こうしなさい」と項目を列挙するような言い方ではありません。自分で「鍵」を見つけなさい、と読む人に主体性を要求しています。逆に言えば、読み流すことができます。受け取るかどうかは本人次第ということは、もしかしたら厳しいと言えるのかもしれません。

しかし、ただ単に一つのやり方に従うというのではなく、自分で考えて適用するということは、自分に対する自分自身の力（主権性）を取り戻すことでもあります。いろいろな言い方で、自分の力を自分に取り戻すように励ましているのも、特徴の一つでしょう。

第一巻では、ハートで識別することが強調されていましたが、第二巻では、自分に内在する「すべてを分かっている」という感覚を使うことが出てきます。必ずその感覚を使ってチェックしなさい、と繰り返し述べられていますが、それも非常に大事なことだと思います。自分以外のものに力を明け渡さない、ということだからです。

この本には情報もワークも多く含まれているので、自分のハートと相談して、自分にとっての「鍵」を上手に活用していただけることを願っています。

テロスの神殿のワークでのやりとりは、気づきを加速します。

実際に、ワークをした翌日に簡単に分かったことが何度もありました。考えはじめたら、すぐに簡単に分かりました。これは本の中で説明されている通り、ワーク中に情報を潜在意識で受け取ってきて、翌日、意識に浮上させているのだと思います。もしワーク中に何も受け取っていないと思っても、潜在意識では受け取っていますので、なんでも尋ねることをお勧めいたします。

とくにこの時期は、松果体と脳下垂体が活性化しているので、ますます受け取れる能力が高まっています。ですから、印象や情報を受け取ることに対して、いつでもオープンでいることが大切な気がします。

松果体や脳下垂体からのインスピレーションは必ずハートで識別すること、というのもとても重要なことだと思います。

まず、自分自身の受け取った情報をハートで識別することが大切です。それから他人からの情報も、必ず自分のハートで識別する必要があります。とくにこの時期には、すべての人の能力が活性化されていますから、いろいろな人が受け取った情報をそのまま発信することも多くなるでしょう。それが自分より能力がすぐれていると思う人からの情報であっても、鵜呑みにしないことが大切です。その情報がその人にとっては最適であっても、それが他の人にとっても必ずしも最適だとは限らないからです。万人向けの情報から自分に合うものを識別することも必要ですし、アドバイスのような情報でも、それを受け入れるべきときと、自分の感覚を信頼するべきときの識別もできるようにならなければなりません。

アセンションのプロセスが、自分の主権性を自分に取り戻すことだというのは、ここでも当てはまります。

さて、第二巻では「神の意志の神殿」と「変容の紫色の炎の神殿」の二つのワークが紹介されています。

神の意志の神殿の章では、アダマは、私たちが「ゆだねる」ことを恐れている理由について、とても分かりやすく説明してくれています。

ゆだねたつもりでも、あるいは先へ進む決意をしたつもりでも、あとになってから、それが一〇〇パーセントではなかったと気づくことがあります。自分ではOKだと思ったのに、また同じようなことを意図するときがあります。でも、その時点ではそれが精一杯だったことは自分が知っています。そして以前より深く意図している自分がいるのに気がつきます。それはそれでいいと思います。何度ゆだねても、決意しても、それは自分にとっての最善なので、その時々の自分なりに進んでいくだけです。

その点において、テロスの神殿でのワークは近道をつくる手助けをしてくれるものです。何もしなければ、あちこちぶつかりながら苦労して進んでいくことになりますが、ワークをすることによって、より楽に、時間も短縮して進めるようになるはずです。ワークをすればするほど、近道になると思います。

初めて「神の意志の神殿」のワークをしてエル・モリヤに挨拶したとき、エル・モリヤが両手を広げて温かく迎えてくれる姿が浮かびました。「ずっと続けて来るんだよ」と言われました。エル・モリヤは規律が厳しいことで有名だと書かれていましたが、エル・モリヤは行くたびに愛にあふれて歓迎してくれます。

私はこの本に出合う前に、変容の紫色の炎でネガティブなものを燃やすワークをしてきました。実際に炎で何を燃やしているか、見えたことはありません。それなのに数年続けてきたのは、すべてを分かっている部分が、その効果を知っていたからだと思います。確かに、紫色の炎を使ってからの私自身のプロセスはそれほどきつくはありません。何か気がつかなければいけないことがあるときも、最低限で済んでいるのを感じます。これは、紫色の炎で変容してきたおかげだと思っています。

最低限で気づくという体験をすると、必ずしも悲惨な体験をする必要がないことも分かってきます。とても長い間、私たちは何かを学ぶために、ネガティブな体験をつくり出してきました。なかなか学ぶべきことに気づかないと、その体験は長引きます。実際には同じ体験が続くかもしれませんし、同じパターンを繰り返すかもしれません。ゴムが伸びるにしたがって、その反動で逆の方向へ飛んでいく力がたまっていくように、苦痛や悲惨さが長くひどくなると、ポジティブな状態へ向かう気持ちが強まります。しかしポジティブな方向に進むのに、ゴムをネガティブな方向に引っ張って、その反動を利用しなければならないということはありません。ぜひ、神殿のワークを利用してください。

些細なことからでも気がつくことができれば、また早い段階で気がつけば、楽に進めます。

大切なことは気づくことです。瞑想する時間や内省する時間をとることも勧められていますが、それは気づくために自分と対話する時間を持つという意味だと思います。

祈願文は自分の言葉で作るのがいちばん自分に合う、と説明されています。この本には紫色の炎を呼び出す方法が二つ紹介されていますが、言いにくい場合や、しっくり来ない場合には、自分に合うように変えて、いろいろ試してみてください。

ただし自分用に作る場合や変える場合、「私は」という最初の主語はとても強力なので、必ず「私は」と入れることをお勧めします。私は、より強力にするために、「神聖なる存在としての私は」という表現を好んで使っています。言いやすさも気に入っている理由の一つです。

私はどちらかというと、祈願文やワークの言葉はあまり細かくない方が好きです。ただ、この本に書かれている紫色の炎の祈願文を使って「細胞や原子や電子」をすべて燃やすイメージをすると、その方がより燃やしているという実感がありました。具体的な細かい内容の方が、イメージが描きやすいという長所があるようです。

逆に少し長くなっても、入れたい言葉というのもあります。

たとえば、私の場合は、変容の紫の炎でネガティブなものを燃やすときには「過去と現在と未来において、この現実とすべての現実において」と入れます。「この現実とすべての現実において」というのは、「並行現実、並行宇宙、代替現実、代替宇宙において」という意味で使っています。せっかく同じ時間を使ってワークするなら、すべてを包括した方が効率がいいだろうと思っているからです。

いちばん短い言葉で紫の炎を呼び出すと、こんな感じでしょうか。

「私は今、紫色の炎をここに呼び起こします」。また、「紫色の炎」と言う代わりに、「紫色の光線」または「第七光線」と言っても同じです。

ぜひ、自分のハートから自分にぴったり合う言葉を作って、楽しんでください。

第二巻を訳している最中に、テロスの子どもたちの夢を見ました。

誰かが私を後ろからハグ（軽く抱擁）しています。そして、ツンツンツン……とまるで遊んでいるような感じで、リズミカルに私を突いています。その他にも幾人かの気配があって、私を囲んでいるのを感じます（私は目を閉じています）。彼らが去っていくのが分かったので、目を開けても姿が見られるといいなぁ、と思いながら目を開けると、目の前には、横一列に並ぶ七、八人の若者が見えました。テロスの子どもたちだ、と分かりました。いちばん左側の若い女の子が、私をハグした子です。彼女は色鮮やかなピンクのセーターを着ています。彼らは私の方を向いたまま飛び去りました。

実は、この夢を見た前日は、とても煮詰まったと感じた日でした。それで夜寝る前に、アダマを始めとして、マスターたちを次々に呼び出しました。ところが、私自身が何について煮詰まっているのか分かってなかったので、依頼したい内容がまったく何も浮かびませんでした。仕方なく、すぐに帰っていただきました。でも、どうにかしたかったので、「誰か、何かを、どうにかしてください」とアバウトに一言つぶやいてから眠りました。

夢の内容や鮮やかなピンクの色から、彼らが私に「愛」を送って、応援に来てくれたことが分かりました。この夢で気分がとても明るくなり、すぐに「そのままでＯＫ！」と切り替えられました。

ですから、他の手段ではうまくいかないときや、落ち込んだときこそ、テロスの子どもたちを呼ぶといい、というのは本当です。そういうときこそ、テロスの子どもたちを呼んでみてください。

テロスの子どもたちは私たちに歌を歌っていると言い、アダマも魂の歌について言及しています。人それぞれ固有の振動数をしているので、魂に固有の音があるというのは頷けます。ハートのセンターに意識を集中して耳を澄ませると、確かに音が聞こえます。ハートで聞くこの音が、アダマの言う私の魂の歌なのだろうと思っていますが、その音は歌というより、テロスの子どもたちが説明している音に近いようです。私の場合は、シャーっという音です。それにいちばん近いのは、子どもの頃に田舎で、夜眠りにつくときに聞こえていた虫の声です。ハートの中でその音を聞いていたら、子どもの頃の、虫の声に囲まれていた感覚を思い出しました。

静寂な夜にでも、ぜひハートの中で耳を澄ませてください。きっと聞こえると思います。

もし聞こうとしてもうまく音をつかまえられなかったら、最初は、地球の自転の音を探すといいかもしれません。ブーンという感じのかなり低い音で、魂の音より聞きやすいと思います。静かなときに耳を澄ますと、地球の自転の音が聞こえます。

自分の魂の歌を聞くときには、ハートの中に意識を集中して、ただ聞きます。もし先に地球の自転の音が聞こえたら、それ以外の音を探すのがコツです。私の場合は、もっと高い音です。

一度その音をつかまえてしまえば、次からはその音を探すのが簡単になります。

魂の歌を聞こうとするときには、おそらくテロスの子どもたちが魂の音を増幅して聞きやすくしてくれるのではないかと思います。

よく聞いていると、魂の音の他にも、微妙に揺れているような音があるような気がします。少し音に幅があるような気もします。もしかしたら、それがテロスの子どもたちの歌なのかもしれません。

さて、第三巻は、少し雰囲気が変わります。オレリアさんが第三巻について、最初にあれこれ構想を練っていたのに内容が全然違うものになってしまった、と述べています。

メッセージだけでなく、オレリアさんとアダマたちとの内的な対話が載せられています。オレリアさんが自分のためにアダマたちと対話した内容が、そのまま本を読む人へのメッセージとなったようです。この内的な対話の章は、アダマたちが身近に感じられる箇所です。内的な対話はたいへん面白く、また興味深いものです。アダマたちはその内的な対話を通して、彼女に個人的にアドバイスしているのですが、同時に、あとで本のメッセージとなって読む人に役立つことも想定して話しています。

もちろん内容もとても重要なものです。一つ例を挙げれば、五次元での心構えとして、「すべての期待を手放すこと」などがあります。

その他のチャネリングのメッセージの中には、「レムリア」と「ムー」についての説明があります。「ムー」という言葉は『レムリアの真実』にほんの少しだけ出てきましたが、アダマによると宇宙の名前です。そして同時に、その宇宙から来た大宇宙船が「ムー」と名付けられたそうです。

また、基本的な七つの炎の、残りの四つの炎のワークについても紹介されています。

第三巻もお楽しみに！

最後になりましたが、次の方々に感謝の言葉を述べたいと思います。

大天使ミカエル、アダマ、アーナーマー、エル・モリヤ、多くの光の存在たち、いつもサポートをありがとうございます。

また、とても多忙なスケジュールにも関わらず、メールでの質問に丁寧に答えてくださったオレリア・ルイーズ・ジョーンズさんに感謝申し上げます。お世話になっている太陽出版・編集部の片田雅子さんに、心よりお礼を申し上げます。

そして温かい言葉をくださった皆様とサポートしてくださった皆様に感謝の意を表します。

アダマたちの愛と光が、皆様のハートに届きますように。

二〇〇八年二月　　片岡佳子

レムリアの叡智

シャスタ山の地下都市テロスからのメッセージ

訳者紹介

片岡佳子（かたおか・よしこ）

東京生まれ。津田塾大学学芸学部英文学科卒業。大手企業のシステム業務、筆跡診断士を経て翻訳業へ。
訳書に『レムリアの真実』（太陽出版）がある。

2008年4月1日　第1刷
2008年12月25日　第2刷

［著者］
オレリア・ルイーズ・ジョーンズ

［訳者］
片岡佳子

［発行者］
籠宮良治

［発行所］
太陽出版

東京都文京区本郷4-1-14　〒113-0033
TEL 03(3814)0471　FAX 03(3814)2366
http://www.taiyoshuppan.net/
E-mail　info@taiyoshuppan.net

装幀＝田中敏雄(3B)
［印刷］壮光舎印刷［製本］井上製本
ISBN978-4-88469-559-0